学理。

[日] 川村元气 著

杜欣雨 译

养老孟司
川上量生
佐藤雅彦
宫本茂
真锅大度
松尾丰
出云充
天野笃
高桥智隆
西内启
舛田淳
中村勇吾
若田光一
村山齐
伊藤穰一

前 言

从前我的数学和物理学得不怎么好。对于化学和生物，我也不甚喜欢。

我一直没能克服对理科的恐惧心理，逃也似的升入了一所私立文科大学。

而现在，我的工作则是电影制作和小说写作，我可谓是一个不折不扣的文科男。

我想："我这一生再不用和理科有什么纠葛了。"

我终于彻底摆脱了理科。

但有天我忽然意识到一件事。

史蒂夫·乔布斯、比尔·盖茨、马克·扎克伯格。

如今正在给世界带来决定性改变的，正是理科生。

并且，将会改变未来的也一定是他们。

我产生了这样一种感觉：

"本已从理科的魔爪当中逃脱的自己，再次被抓了回去。"

我想要知道真相，想要改变现状，想要创造出新事物。

我意识到：如果我想要做到这些，就不能再逃避"学习理科"这件事了。

我这个恐惧理科的文科男，花了两年与理科中的佼佼者们进行对谈。他们的话语数度使我茅塞顿开，极大地拓宽了我的视野。这本书正是整个过程的记录。我用了两年时间，向理科生们持续发问。

未来世界将如何变化？日本将如何变化？

人类将如何变化？什么将不可或缺，什么又将失去价值？

正在等待着我们的，是一个怎样的明天？

最初，我只是想搞清楚"理科与文科的不同之处"。

到底什么是文科独有而理科不具备的，什么又是理科独有而文科不具备的。

我本想从这些不同之处当中，找出理科与文科各自的"作用"。

但中途，我开始意识到：

"理科与文科，是在沿着不同的道路攀登同一座山峰。"

人类以何为美？

如何才能变得幸福？

文科正利用政治与经济、语言与文章来攀登这座"山峰"。

而同是这座山，理科则试图凭借数学、工学、医学和生物学向上攀爬。

并且，他们所发现的"道路"远超预想，极富创造性与启发性。

每每与他们交流，我都能获得新的视角，视野也愈发开阔。

自己未来该做些什么？世界未来会朝着怎样的方向发展？我逐渐看到了答案。

我还发现，对于理科来说文科亦不可或缺。毕竟，二者是向着同一个山顶进发的伙伴。

人类以何为美？

如何才能变得幸福？

这些问题的答案就存在于山顶之上。

在高山之巅，理科与文科已经开始交融。

未来的史蒂夫·乔布斯，必将从这里诞生。

被全世界追捧的产品，给人们带去幸福的创意，也必将从这里诞生。

总有一天，我也想参与其中，去解答这些问题。

希望这本书能够帮助大家发现"学习理科"的乐趣之所在，希望越来越多的读者朋友们能够相聚于山顶之上。

目 录

养老孟司	1
川上量生	19
佐藤雅彦	41
宫本茂	61
真锅大度	81
松尾丰	99
出云充	117
天野笃	137
高桥智隆	161
西内启	181
舛田淳	201
中村勇吾	223
若田光一	243

村山齐	263
伊藤穰一	283

理科 001

解剖学家／作家／昆虫研究家

养老孟司

"世界上的信息，或许有 20% 左右都是错的"，
热爱昆虫采集的解剖学家，
利用人作为生物的本能，
依靠自己的力量，找出值得相信的事物。

解剖学家 / 作家 / 昆虫研究家
养老孟司
TAKESHI YOUROU

  1937年出生于日本神奈川县。1962年毕业于东京大学医学部，之后留校任职，隶属于解剖学教室。1995年辞去教授职务，现任东京大学名誉教授。著有《唯脑论》（日本筑摩学艺文库）《身体巡礼》（日本新潮社）等多部作品，其中，《傻瓜的围墙》以及《死的围墙》（日本新潮新书）两部作品，销量更是突破400万册。除了解剖学这项本职工作之外，在科学哲学、社会时评等众多领域亦都有所建树，著作颇丰。

©Hal Kuzuya

为什么不相信"语言"?

川村 听说您在箱根的这处居所,是为了采集昆虫和保存标本而建,果真如此?

养老 是的。箱根这个地方不仅能找到许多种类的虫子,植物的品种也非常丰富。再加上每隔几个月,我就会去一趟马来西亚、婆罗洲岛之类的地方进行昆虫采集,手里其实保存着许多标本。这栋房子建好之前,我只能这里放一些、那里放一些,将它们分开保管。现在,它们终于能在同一个地方安家了。

川村 其实,我小的时候也常常去抓虫子。不知道我父母那时奉行的是不是"放养政策",我既没进幼儿园也没上托儿所,完全处于无人看管的状态。所以我没什么事情要做,将整天的时光花在了草丛里,用来寻找、追赶、捕捉虫子。这真是我人生当中最早的记忆片段了。话说回来,养老先生,虽然您现在是在这里进行虫子的捕捉和解剖,最初,您其实是在东京大学医学部专门学习人体解剖的吧?

养老 其实,除非真正坚持做一段时间,我们很难判断一件事情到底适不适合自己,可当年我之所以选择这个专业,却更像是凭着直觉。单纯是因为那时我觉得"比起给患者看病,解剖更让自己感到安心"。毕竟,没有人知道患者的生命会在什么时候结束。特别是,如果医生在任何环节出现了一点小小的失误,都必将加速患者的死亡。但解剖就不一样了,毕竟死过一次的人,不可能再死第二次（笑）。

川村 确实如此（笑）。

养老 但之后我又想了想，其中或许有更深的理由。我这个时代的人，见证过战争①的结束。战争时期，我跟随母亲回到了她的老家避难。然后，就到了1945年8月15日这一天。那时我还在上小学二年级，突然有一天，有人跟我讲："日本好像战败了。"得知这个消息，我说不清是震惊还是颓丧，总之就像全身的力气都被抽光了。毕竟在那之前，无论是左邻右舍、身边的大人，还是广播和报纸，无一不在坚称："皇军是无敌的，一定会取得胜利。"那个瞬间，我开始怀疑自己迄今为止习得的所有常识。

川村 就像是大脑被"格式化"了一样吧。

养老 是的。在这种情况下，人的心境就会不可避免地发生变化。无论是媒体的言论、人们的言语，还是现在网上的那些意见，我统统都无法再相信。这也正是我爱上解剖的原因。假如我们把一件标本从福尔马林中取出进行解剖，完成一天的解剖工作之后，再将其包裹好防止风干，那么当我们第二天再打开裹尸袋时，自然就会发现：解剖的进度就停留那里，同我们昨天离开时一模一样。也就是说，解剖这件事的结果全由我们自己造就。换句话讲吧，人总需要一些能够相信的东西，不是吗？

川村 是啊。

养老 究竟有什么能够信任？就这个问题，我曾苦思冥想。最终，

---

① 指日本以战败告终的第二次世界大战。

我给出的答案是"解剖",是我一个人就能完成的解剖。这样想来,虫子也是一样的,它们都不会说谎。战后一些其他的生产活动亦是如此,有许多理科学子将所有的心血都奉献给了隧道挖掘、计算机研发等工作。这些工作也都不会说谎。总而言之,我不相信语言。

北里柴三郎①和野口英世②为何能够诞生?

川村 通过刚刚的谈话,我开始明白比起"语言",您为何始终更信任"身体"了。

养老 当我还在东京大学附属医院工作的时候,曾经遇到过一些已经被其他医生放弃的患者。他们来到这里,抱着必死的觉悟做最后的挣扎。当中,也有极少数人有幸被治愈了。于是,患者和家属就会回来向那位医术高超的医生致谢。他们往往都会这样讲:"这次真是托您的福。"可看着这样的光景,我总忍不住想说:"这次虽说是治好了,以后总还会患上别的病,总有一天是要死的。"

川村 您要是真这么讲了,那可真的没办法做临床医生了。

---

① 北里柴三郎(Kitasato Shibasaburo,1852—1931),日本医师、细菌学家、免疫学家。——译者注
② 野口英世(Noguchi Hideyo,1876—1928),日本细菌学家、生物学家。——译者注

养老 不过，以前我曾以为我的这种想法只是个例，但后来发现并非如此。比如，在孩童时期经历过明治维新的那代人，就和我有着同样的感受。延续了三百年之久的江户时代，一朝之间就倾覆了。在幼年时代经历过这些的人，一定会受到某种冲击。

川村 正是这种冲击，使得他们开始思考究竟什么才是对的，还能够相信些什么。

养老 结果就是，明治时代出现了许多的科学家，比如北里柴三郎和野口英世。19世纪的欧洲正处于迅猛发展的时期，他们所取得的成就却几乎可以与当时的欧洲科学家们比肩。比起我们，他们更要国际化得多不是吗？

川村 也就是说，明治维新还有第二次世界大战，都会让人感到既往的逻辑与规则在一瞬间崩塌。在孩童时代经历过这些的人，则会奉行一种独特的人生哲学。

养老 然而当今的人们却十分相信规则，这让我感到担忧。就拿"酒后不开车"这件事来说吧，或许有一部分人喝了酒之后反而开得更好，我们也不得而知。大家为什么不再仔细确认一下这些事情呢？

川村 您曾说过，无论是看什么书，都"无时无刻不在怀疑。对那些既成的定论是如此，对自己的所思所想亦是如此"。这让我有些讶异。

养老 "世界上的信息，或许有20%都是错的"，如果我们不抱着这样一种态度去怀疑，后果将不堪设想。

川村 在我看来，科幻电影中的世界跟您的想法很是相近。或者这么说吧,《黑客帝国》之类的科幻电影,总是喜欢向人们传达这样一种信息:"我们所在的世界皆是虚构的。"

养老 而且很有趣的是,有时只需一瞬间,世界就会发生改变。比如,在精神分裂症突然发作的人看来,路上走着的人就都变成了木偶……这是一个常被提到的例子。

川村 这简直就是一部科幻电影。

养老 可不知为什么,我其实能够理解他们。57岁的时候,我辞去了东京大学教授的职务。那个时候我真的感到世界都变了,突然间就变得明亮起来。我惊讶得不得了,真的(笑)。

"孟德尔定律"是谎言?

养老 说到"怀疑"这件事,有本书里曾这样写道:"所有的科学发现都是谎言。"最有名的例子,当属英国统计学家罗纳德·费雪针对19世纪植物学家孟德尔的论文所做的工作。

川村 就是中学理科课本里出现过的"孟德尔定律"吧?书里写到,他根据豌豆杂交实验,证明了生物性状的遗传规律。

养老 是的。罗纳德·费雪在承认孟德尔假说正确的基础上,计算了一下他能得到论文所载结果的概率。你猜怎样?得出的结论是"不可能"。

川村 这……是真的吗?

养老 孟德尔得出的数据过于完美了。也就是说,他一定篡改了数据。

川村 我记得前些年似乎也出过一起类似的造假事件,那条新闻当时好像引起了很大的轰动……

养老 是的,你是说小保方晴子事件①吧(笑)。总之,哪怕最后得出的结果是对的,整个过程却可能都是在误打误撞,而当事人不过是编撰了一个故事。

川村 时至今日,对于孟德尔是否修改了数据这件事,我们已经无法再进行确认了吧。

养老 孟德尔是位修道院院长。做这个实验的时候,他找了许多院里的男杂役做助手。说不定那些人在统计数据的时候,都是看着他的脸色行事,进行了伪造。

川村 确实,每当我们遇到超出自己理解范围的事情,就会倾向于用语言和故事编造其中的缘由。我虽然也是一个靠写故事为生的人,可在遇到不可思议的事情之时,却总是想要不断探寻、刨根问底。在您从事人体解剖、发掘其中奥妙的过程中,有没有遇到过"突然有所发现"的瞬间呢?

---

① 小保方晴子(Haruko Obokata),日本理化学研究所发育与再生医学综合研究中心学术带头人,于2014年1月宣称发现类似干细胞的多能细胞("万能细胞",STAP细胞)。但2014年4月,日本理化所认定小保方晴子在STAP细胞论文中有篡改、捏造等造假问题,属于学术不端行为,并于2014年7月正式撤回STAP细胞论文。2014年8月,STAP细胞的中期验证实验报告宣告失败。2014年10月,小保方晴子的博士学位亦被早稻田大学取消。2014年12月19日,日本理化学研究所公布STAP细胞事件结论,小保方晴子未能制作出这种细胞,实验宣告结束。小保方晴子宣布辞职。——译者注

养老 从前有一次，我待在暗室里使用了很久的电子显微镜。等到结束工作走出房间的时候，所有的云在我眼里都变成了细胞。大概是因为一直在昏暗的场所盯着明亮的东西，精力高度集中，导致观察世界的方式也改变了吧。在东日本大地震后"计划停电"的那段时间，我人在箱根，也一直在戴着头灯摆弄虫子。那令我感到特别平静。现在大家都说，以前的人们更擅长手工作业，我其实很能理解当中的理由。这是因为现今的世界太过明亮，所以人们的精力都被分散了，无法集中。

日本人与西方人之间的决定性差异是？

川村 我小时候也经常捕虫，有些瞬间我会感觉到，不知何时自己似是与草丛融为了一体。这样一来，我就能凭借感觉发现虫子的位置。虽然那时还是个孩子，却已经感受到了"我非我"的愉悦。

养老 我也经常会感觉自己变成了虫子。不过，有这种感觉的大部分都是日本人。相比起来，西方人比较难做到。

川村 这是为什么呢？

养老 我经常说"日本社会具有很强的他者性"。反观西方语言，文艺复兴时期之后，每句话当中都必有主语。拿"I am a boy"这句话来说，明明"am"的前面只可能是"I"，但西洋人却绝不会将主语省略。

川村 原来如此。

养老 但是，文艺复兴以前势头强劲的拉丁语却并非如此。除了强调的时候，一概不需要主语，只会对动词进行变形。笛卡尔的"我思故我在"这句话，也只写作"cogito"这一个词。也就是说，无法将"I"省略的现代西方人，总是认为"有行为就必然存在主体"。

川村 也就是说他们很重视"活出自我"吧。

养老 是的。在一档美国的电视节目里，我曾看到这样一段内容：一个三四岁的孩子，在生日那天收到了一个小小的原木模型车，很是高兴。周围的大人们却屡次同他讲："这辆车的颜色，将由'你'来决定。"这句话是在强调主体，也就是"做决定的那个人是'你'"。虽然听起来像是在展现对对方的尊重，实际上还是因为有了主语之后，故事会更容易成立。

川村 确实如此。

养老 关于战争责任亦是如此。德国人能简单地将其归结为"希特勒的过错"，但日本人却没法这么做。因为不存在主体，所以日本人是根据当时的氛围和状况来做决定的。

川村 日本虽以西方为标准，相较之下，却又缺乏自己的"独到之处"，即所谓的主体性、独特性。我一直以为这是我们的劣势。可也正是因为日本人的这种特性，我们才能在捕虫的时候，积极地将自己融入周围的环境当中吧。

在您看来，何为"个性"？

川村　我一直认为"独到之处"这个词不可信赖，因为它体现出的完全是一种讲故事般的娱乐态度。举例来讲，无论是落语表演还是歌舞伎演出，最开始都是要模仿师傅不是吗？

养老　然后，无论如何都模仿不出的那些部分，就成了弟子的独到之处。

川村　山田洋次导演曾将小津安二郎导演的作品《东京物语》翻拍成了电影《东京家族》。他说过："哪怕从分镜到表演都完全相同，最终还是会变成两部不同的电影。"我认为要想找寻个性，这是一种正确的方法，而试图在一张白纸上找出自己的独到之处则很奇怪。

养老　没有个性、随波逐流，虽然大家现在都把这些看作是消极评价，可反过来说，这也正是无上的自由。即使我们与西方的规则斗争也改变不了什么，倒不如顺其自然。奥运会不就是一个很明显的例子吗？一旦日本人在哪个项目上获胜，他们很可能就会开始修改比赛规则。

川村　只是，学问和教育一般都是具备主体性的成文，却是因为设立了一些规则才得以成立。您在研究解剖学的过程中，有没有遇到过这类自相矛盾的事情呢？

养老　这类事情应该是常有的吧。毕竟研究与工作其实很类似，哪怕是现代理科领域的研究，也会碰到很多问题。比如，我们首先就得考虑，要从哪里获得研究经费。这就不得不说回小保方晴子事件。她做研究的那个时候，大家还不需要为这个问题发愁。经费充足的情况下，问题就变成了"要研究什么"。这样一来，就必须要做出成绩，这才导致她做出了那样的事情。嗯，算是因为急于求成而跌了一跤吧。而到了我们做研究的时候，已经没有多少资金，哪怕是想要造假也根本做不到。

文科被理科欺骗了？

川村 可许多人其实都是依照文科思维进行思考。所以如果理科人士告诉他们："因为已经有了科学的实验数据，所以这个结论是正确的。"这些人就会立刻相信，哪怕那些数据的真伪并没有得到任何验证。

养老 说到数据验证，其实还有一个故事。1996年，英国的一家研究机构繁殖出了世界上第一只克隆羊"多莉"。然而，这次成功在第1000次实验中才出现。但是关于前999次为何会失败，他们却没有做出任何解释。生物科学从以前开始就是一个特殊领域，有些时候"只要成功了就好"。可这其实有点像炒股赚到了钱，而并不是科学。

川村 那这样的话，我们到底还能相信些什么呢？

养老 所以啊，关于"能够相信什么"这个问题，只有靠我们自己去寻找答案。这就又得谈回最开始的那个话题了。对我来说，答案就是解剖和昆虫采集。做这些事的时候我虽然没有特别去注意什么，但我有思考过"究竟是什么使我感到心情舒畅"。答案并不是所谓的主体性、独特性，而是因为我真的在进行自我发现。

川村 这种事情，绝不是只按道理来思考就可以的吧。

养老 即使对象是虫子，当我们下完定论之后，也一定会遇到与它同类却又有所区别的新品种。"自己心中的既有概念终有一日会土崩瓦解"，这种认识实在让人感到开心。意识到"生活不会如自己所愿"之后，人生都会变得轻松起来。大家总是误以为生活会朝着我们期待的方向发展，这才会感到焦躁。

您认为接下来"人类"将会如何发展？

川村 最后，请问您作为一名学者，最近有没有在从事什么研究？如果有的话，请跟我分享一下。

养老 我没怎么考虑这些。今天早上本来是在就新发现的一种虫子写一篇论文，写到一半觉得太过麻烦，就停笔了。最后，又和虫子玩了起来。

川村 您果真是个自由的人啊（苦笑）。

养老 顺便一提，在最近读过的书当中，我觉得上桥菜惠子的一本长篇奇幻小说甚是有趣。里面提到了一种生物，它有些像海兔，但却是淡水性的，以藻类为食。与众不同的是，它的身体中有种特殊细胞。藻类当中的叶绿体不会被消化掉，而是被吸收到这种细胞里。这样一来，随着年岁渐长，它的全身都逐渐变成了绿色，嘴巴也消失了。因为它已经能够进行光合作用了。

川村　它已经变成植物了吧。

养老　我要不要也拜托一下诺奖得主山中伸弥教授，请他用iPS细胞将能吸收叶绿体的细胞大量植入到我的体内，变成"叶绿人"试试看呢（笑）……这样一来，只要有阳光我就能生存下去，外出找虫子的时候，无论去到什么样的深山老林都不怕了。

川村　归根结底，您还是希望把自己的身体奉献给研究事业呢。

养老　比起再生医疗，我认为这种方法要健康得多，世界也会更加和平。

川村　给这个故事取个名字的话，就该叫"绿人"吧。如果拍成电影，会不会火呢（笑）。

养老　刚刚我也讲到，奇幻作品还是很有市场的，说不定就意外地大火了呢（笑）。这原本是植物长期进化的过程，我们作为动物，如果突然开始这样，确实是一件了不得的事情。可如果顺利成功了，应该会很有趣。

川村　那么，下次我们就一起去为《绿人》这部电影选景吧，顺便也给我一个同您一起捕虫的机会。

养老　今天有风，所以怕是不行了，等一个无风、暖和、飘着云、就快要下雨的日子，我很乐意同您一起。捕虫这件事，有天分的人真的非常厉害。

川村　可是，这难道不该是所有人与生俱来的能力吗？

养老　当然。不具备这些能力的人，根本没法活到现在。

川村　所以，每当听到"要多接触自然"之类的话，我总不太能理解。

养老　确实不应该这么讲，而在书本当中学习这些也毫无用处，还是要亲自实践才好。如果长期不使用自己的生物本能，人是会变成废物的。

（2014年8月 于神奈川县·箱根地区·养老孟司先生别邸）

复习

从箱根汤本车站出发,乘坐出租车约 30 分钟,我抵达了这座坐落于森林之中的"昆虫之馆",养老孟司先生已来到门口迎接我。

他说:"世界上的信息,或许有 20% 左右都是错的。"科学也会有出错的时候,也存在偶然性。甚至自己的大脑也会欺骗我们。

"在书本当中学习这些毫无用处,还是要亲自实践才好。如果长期不使用自己的生物本能,人是会变成废物的"。

这位放弃临床选择解剖、一直在与"人的身体"相处的医学家,如今正把视线投向昆虫,探寻"世界的规则"。

江户时代以及第二次世界大战结束之后,日本诞生了许多世界级的科学家和技术家。世界天翻地覆之时,正是根本性变革发生之时。

"关于'能够相信什么'这个问题,只有靠我们自己去寻找答案。对我来说,答案就是解剖和昆虫采集。"

当今,是一个推崇个性与特性的时代,是"西方的规则"占据主流的时代,而他却将自己融入这个世界,发起日本式的挑战。我不禁想起少年时期,那个一边在草地里捕虫,一边与绿草和土地、清风和小虫融为一体的自己。我必须要找回那时的自己作为"一个人"所拥有的感受。我想,我首先需要时隔 30 年再度将视线投向昆虫,试着和这个世界融为一体。

理科 001　养老孟司教会我们的事

战争结束之后，迄今为止我所习得的所有常识都被打破了。无论是媒体的言论、人们的言语，还有现在网上的那些意见，我统统都无法再相信。因此，就"究竟能够信任什么"这个问题，我曾苦思冥想。最终，我给出的答案是"解剖"，是"我一个人就能完成的解剖"。

然而当今的人们却十分相信规则，这让我感到担忧。世界上的信息，或许有 20% 左右都是错的。如果我们不抱着这样一种态度去怀疑，后果将不堪设想。

在西方人看来，行为总是与主体相伴，可日本人不具备这种主体性，总是根据当时的氛围和状况来做决定。虽然这种行为被消极地评价成没有个性、随波逐流，可反过来说，这也正是无上的自由。

因为现代理科研究领域的经费非常充足，于是问题就变成了"要研究什么"。这样一来，就必须得做出成绩。

关于虫子，当我们下完定论之后，也一定会遇到与它同类却有所区别的新品种。这个过程中，我们就会逐渐了解到自己所掌握的既有概念终有一日会土崩瓦解，感受到其中的快乐。意识到"生活并不会如自己所愿"这一点之后，人生将变得轻松起来。

理科 002

角川（KADOKAWA）集团董事兼总经理
多玩国（DWANGO）公司董事长

川上量生

"不战而胜是最好的取胜方法"，
"优柔寡断正是智慧的象征"，
"NICONICO 动画"创始人，
引领 IT 和内容产业的发展，
探寻"人"的本质。

角川集团董事兼总经理 / 多玩国公司董事长
川上量生
NOBUO KAWAKAMI

1968 年出生于爱媛县。1991 年毕业于京都大学工学部。进入微软公司工作一段时间之后，于 1997 年创立多玩国公司，专门开发电脑游戏对战系统。之后，多玩国公司凭借手机来电铃声业务取得成绩，2003 年于东京证券交易所 MOTHERS 市场上市，2004 年于东京证券交易所一部上市。2006 年创立"NICONICO 动画"（以下简称 NICO 动画）网站，内容皆由用户上传。2010 年起，与当时的角川集团开展综合性业务合作，在 NICO 动画网站当中开设了角川集团官方频道，并在电子书领域发起合作。此外，于

©Kosuke Mae

2011年起,以"见习生"身份跟随吉卜力工作室制作人铃木敏夫学习。2014年,角川集团与多玩国公司合并经营。截至2015年年末,NICO动画的注册会员数约达5321万人(每月访问人数约为871万人,充值会员约为254万人)。著有《铃木先生也能读懂的网络未来》(日本岩波新书出版社)等。

根本不存在具备主体性的人？

川上 您为什么会开始做这个系列的采访呢？

川村 我的私心其实是想要"直面未知"（笑）。我的数学和物理学得不好，从以前开始，面对理科就有种自卑情绪。

川上 大家总以为与理科相比，文科的劣势在于没有逻辑。可事实上，理科生当中也有许多没有逻辑的人，而文科生里面也有条理清晰的人。比如，我在经营多玩国的时候，曾经作为"见习生"跟随吉卜力工作室的制作人铃木敏夫先生学习。他也是文科生，可说话做事却很有逻辑。除了铃木先生之外，吉卜力工作室的大家也都有着自己的逻辑，并且都是我未曾接触过的逻辑。

川村 作为铃木先生的弟子，您给我的印象也正是如此。您是理科生，自然是很有条理的，可不止如此，您的逻辑还有着极为鲜明的特点，很是与众不同。

川上 在工作的动力方面，铃木先生和我其实很像。就拿《幽灵公主》这部作品来说，虽然他从一开始就坚持认为一定能成功，可在我看来，这真的是一场豪赌。有次我问他："为什么不做一些更安全的作品呢？"他回答我说："我想知道，这部电影到底会不会成功。"总之就是想要去尝试。在这一点上，我跟他很是相似。

川村 就是说，对于"用既有的逻辑解出谜题"，您并没有什么兴趣是吗？

川上 我从来就没有过这样的想法。一直以来,我都不把自己当作任何事件的主体,而是一个旁观者。铃木先生也是这样,虽然一直在旁边煽风点火,建议说:"这样处理的话是不是更好?"可真正在执行的其实都是宫崎骏先生。

川村 其实最近我忽然注意到,自己也几乎从没说过"'我'想做这件事"之类的话。虽然拍电影是我主动要做的,可小说还有一些其他工作,一般都是先有人邀请我,问我"要不要试试看",我才会开始行动。

川上 是否真的存在具备主体性的人,其实都是一个问题。大家难道不是都在装成自己有主体性的样子吗?装着装着,甚至连自己都骗过了。猴子或是大象会具备主体性吗?在我看来并不会。也就是说,自然界中的动物其实都没有,难道单单人会拥有?我认为这不可能。

为什么会选择工学部?

川村 说起来,您是京都大学毕业的吧,当时为什么想要选择工学部呢?

川上 因为我只考上了那里。本来,像是历史、社会之类的文科专业,还有数学、物理这些理科专业,我都很喜欢。高中的时候,必须要在文科和理科之间二者择其一,我就选择了理科。当时想的是，选了理科还有可能转成文科，可如果选了文科，就没法转成理科了。

川村 还有这种选择方法啊。

川上 大学的时候不是也有许多专业吗？航空工程、物理、土木……可在选择专业之前，我们根本不知道哪个比较有趣啊。

川村 确实如此。

川上 所以，我本来打算考取东京大学的理科专业。那里的教学方式比较宽松，可以先花一年半的时间学习所有理科的基础知识，从第二个学年的下学期开始，再到所选的专业学习专业课内容。可惜，最后落榜了。

川村 那您就没有想过为了考取东大，再复读一年吗？

川上 我还真没这么想过。

川村 因为不具备主体性？

川上 嗯。我其实算是一个命运主义者，基本都是在接受命运的安排。

川村 您进入工学部，某种意义上也算是顺水推舟的结果吧。

川上 真的就是顺水推舟。毕竟，理科里面我当时最讨厌的就要数化学了。

川村 入学之后，您是那种认真学习的学生吗？

川上 完全不是。

川村 这样的话，您到底是怎么取得了今天的成就？

川上 我从中学的时候开始，就一直在搞编程了。

川村 是用BASIC（※19世纪80年代出现的初期电脑编程语言）

编程,做小游戏来玩吗?

川上 是的。

川村 我所熟悉的理科生里,从您这代人开始,基本上就都是在用 BASIC 了。

川上 我们大概都有一个共同点,那就是父母不肯给我们买电视游戏机,却同意给我们买电脑。于是,我们就只有用电脑开发游戏来玩了。

"来电铃声"和"NICO 动画"的灵感来自何处?

川村 之前您提到,您曾经在吉卜力工作室学习过。可除此之外,您在 20 岁左右的时候就创立了多玩国公司,并且带领其发展成了日本著名 IT 企业。公司的业务当中,比较著名的当属"来电铃声"和"NICO 动画"。我想问,您是通过什么样的契机发现这些商机的呢?

川上 开始来电铃声这项业务,是因为当时的市场需求很大。多玩国是从网络游戏开发起步的,当时我们有一款网页游戏叫作《钓鱼迷的心情》,差不多拥有七万左右的玩家,已经算是一家大型网游公司了。

川村 原来多玩国最初的定位是大型网游公司啊。

川上 没错。可把视线转向"来电铃声"这个行业,哪怕是业内只能排到第五名的网站，也拥有100万以上的用户。而且，当时只有卡拉OK行业的公司才能够开办相关网页，这算是手机公司之间一条不成文的规定。因此我当时想，只要拿到允许开设相关网页的资格，哪怕只在市场当中占据一个小角落，也能够生活无忧了。我本来也没有什么大志向（笑）。

川村 您在准备战斗的时候，首先确定的是"战场"呢。普通人则似乎会在"战斗方法"的选择上费尽心思、考虑更多。用钓鱼来举例的话，您就是那种善于选择垂钓场所的人。

川上 我其实不喜欢做第一名，更希望做第二名。可能在许多人看来，无论是我还是多玩国公司都算是先驱者，可我其实很不喜欢冒险。

川村 那NICO动画又是如何诞生的呢？

川上 来电铃声的业务做好了，公司也开始有了余力，于是我就想回归初心，给网迷和宅男宅女们打造一个容身之处。当时，谷歌公司在行业里提出了这样一条口号："机器能够完成的事情，就全部交由它们去做吧。"大家也都在追随其脚步。所以，我转而去提供需要人们花工夫参与其中的服务，这才有了NICO动画。NICO动画不是一个用来寻找答案的工具，而是一个没有标准答案、不设限的场所。

川村 "不设限"，这个观念真的很棒，而且充满新意。顺便请问一下，NICO动画现在拥有多少名会员呢？

川上 会员总数大概是4700万左右，月间访问人数的话，大概有800万。充值会员算起来有230万人左右吧（※所有数据均为

2015 年 5 月采访时的数据）。

川村　在日本，NICO 动画可谓是能与 YouTube 抗衡的存在。在其他国家，也有类似 NICO 动画这种供大家上传原创作品的网站吗？

川上　法国的话有"Dailymotion"，中国有"优酷"，还有就是韩国了吧。

灵感会在何时涌现？

川村　NICO 动画最大的特点就是观众们能够发送实时弹幕，这个功能是怎么来的呢？

川上　"在动画画面之上显示弹幕"，这个想法其实我很早就有了。到了激动人心的时候，弹幕会增多，占据整个画面，这种本末倒置的感觉让我觉得很有趣。不过，我原本只想把它当作一个附加功能，而不是作为主要卖点。

川村　原本只是附加功能啊（笑）。

川上　是的。可工程师在进行原型开发的阶段自作主张，把弹幕固定在了画面之上。我没什么办法，就用一周左右的时间观察了一下效果。在这个过程中，我逐渐意识到"这种设计更有趣"。

川村　那位工程师之所以这么做，一定是因为很喜欢这个功能吧，简直像是在为信仰进行一场犯罪。我觉得他一定是一位很有创意的人。川上先生,您也曾孕育出许多独特的创意,那么您在什么时候会涌现出灵感呢?

川上 我只是把自己想到的事情立刻就说出口罢了。

川村 讲话的过程中,灵感的开关就自然地开启了,是这样吗?

川上 话题稍微有点跳跃,但我想先跟您分享一段经历。我在小学的时候,每天都会去上补习班,而父母则会每天给我100日元(约合人民币6元),让我拿去买喝的。然后,我就会站在自动贩卖机前面,纠结到底是要喝可乐还是葡萄味的芬达。最后我决定:"今天还是想喝可乐,明天再喝芬达吧。"可到了第二天,我还是会经历同样的思考过程,最后仍是选择喝可乐。

川村 是会有这种事情发生呢。

川上 类似的事情还有一件。有次,老师安排我们把同样的模拟试卷做了两次。于是两次考试当中,我那五门科目从分数到答案,都一模一样。也就是说,如果依照逻辑做事,那么我们最终得出的结论总会相同。

川村 因此,比起思考和计算,您在讲话的时候更容易想到有趣的点子啊。

川上 从逻辑的角度来说,做一些不合逻辑的事,或者说看起来不合理的事,结果反而会更好不是吗?

不战而胜是最好的取胜方法？

川上　我对竞争没什么兴趣。如果想要在世间取胜的话，不战而胜是最好的方法。即使真的存在竞争对手，我也绝对不想与其正面对决，等别人宣判一个结果。怎样才能避开竞争，取得压倒性的胜利？最好的办法就是出其不意。

川村　不过，人果然还是喜欢竞争的吧。

川上　这是因为那些有权者，都是学生时代在考试战争中脱颖而出的精英。我认为这是学历社会造就的弊端。越是这类人，越觉得自己只要参与竞争就一定能取得胜利。可这其实是很大的错觉。

川村　毕竟社会的规则就是由这些人制定的啊。

川上　再加上，我们日本人又特别喜欢遵守规则。

川村　以前，仰泳选手铃木大地凭借潜泳踢水的方法夺得金牌之后，有人批评他是靠"狡猾"取胜。我想，这也是被规则束缚了的象征吧。和好莱坞的电影人一起工作的时候，我总是在想，他们一直在做"潜泳踢水"这种"狡猾"的事情啊（苦笑）。这样想来，遵守规则，认真应战，最后却输掉比赛，无论是在产品制造领域还是在商场上，这都是日本人常常面对的局面啊。

川上　重要的其实不是堂堂正正地应战，而是要制定能让自己取胜的规则。

川村　说起胜负，您爱下日本象棋这件事也广为人知。

川上 现在流行的都是一些在短时间内给出答案的游戏，可从前，那些被称作智者的人其实都很优柔寡断，往往需要思考很久才给出答案。要想养成这种习惯，日本象棋是一种有效的训练。

川村 "优柔寡断"算是一个褒义词吧？

川上 优柔寡断正是智慧的象征啊。如果明明无法给出确切的答案，还硬要采取行动，这不是很奇怪吗？

川村 是从什么时候起，我们开始敬仰"能立刻做出决断的人"了呢？

川上 还是要归结于考试战争造就了太多"傻瓜"。太多人搞错了竞争的方法，现在的竞争，只是一味地让大家做同样的事情，再从当中选出瞬间爆发力强的那个。

川村 我做事的时候也不会立刻就着手，而是会思前想后，在时间允许的范围内一直纠结。可以说用九成的时间找到新方法之后，才总算可以开始。

川上 我其实一直都很喜欢下日本象棋和围棋，可它们的规则都太死板了，所以我从未想过要努力提高自己的棋艺。

您已经基本掌握了成功的法则？

川村 刚刚我们也好几次谈到"考试"，那么多玩国公司一般会录用什么样的学生和求职者呢？

川上 就结果来看，略微奇怪的人和有些缺点的人占比比较大。

川村 您一定对"人"有很大的兴趣吧。

川上 应该是小学的时候吧，那时对我来说，坐电车还是很特别的体验。在车厢里，看着那些老爷爷和一脸倦容的大叔，我总是在想："这些人的人生一定经历了很多跌宕起伏。我想了解这里每一个人的人生。"我开始对人充满好奇，应该就是从那时开始吧。

川村 小时候是会有这样的想法呢。

川上 当然，对于伟人我也是有兴趣的，不过我更想了解那些普通人，那些真正在生活中挣扎的人。我想了解他们到底拥有怎样的人生、思考方式以及世界观。不过，现在我觉得自己已经知道得差不多了。

川村 关于人的本质，您已经了然于心吗？

川上 是的，执着于最后的答案反而可能一无所获，我只要大概明白就够了。又要讲回最开始跟您提到的铃木敏夫先生了。他总这样想："我想用打破常规的方法去做自认为能够成功的事。我想知道结果到底会怎样。"

川村 "成功"这回事，本就不是能在既有的框架中寻得的。毕竟人是一种很麻烦的生物，总是喜欢未曾见过的东西。

川上 不过在我看来，对完全没有见过的东西，人们也很难提起兴趣。

杰出的创作者有着怎样的思维机制？

川村 以前，我在写《乐业》这本对话集的时候，曾与诗人谷川俊太郎交谈过。他讲道："心理学用语当中，有一个词叫作'集体无意识'。就是说人类都在共用同一个大脑，因此不用去管语言的差异，只要能触动属于全体人类的那个'无意识'的按钮就好。"

川上 "用众所周知的方法，做出难以预想的成果。"这不是很厉害吗？创作的过程中，最痛苦的就是要从"无"到"有"。事实上，即使是一流的创作者，也并非所有作品都是原创。很多时候，大家都是在对人类普遍性精神当中存在的元素进行组合。

川村 那些杰出的创作者，都有很好的记忆力吧。还有就是对庞大的记忆库进行总结、归纳的能力。除此之外，他们的信息再构建能力以及表达能力也都非常出色。

川上 比如说宫崎骏先生，他就只画自己亲眼所见的，不过他从不拍照，全都是靠自己的脑子去记。假如第一天记住了20个，睡一觉起来，脑子里也就只剩下10个左右了。宫崎骏先生相信，这10个就是我们要画的东西，它们就会成为我们的原创作品。

川村 在去表达之前，总结、记忆的工作不可或缺。

川上 嗯，还有解析能力也非常重要。另外，如果我们过分拘泥于细枝末节，就很难完成整个作品，预算问题也不得不去考虑，所以我们一般没法花那么长的时间用于"原创"。毕竟，如果只在脚本制作上就花费掉数年的时间，那可真是不得了。

川村　确实，创作时间往往是有限的。

川上　但是，像庵野秀明导演这种既有成绩又有名望的人，无论是在经济实力还是社会认可度上都有一定的基础了，就可以争取到较长的创作时间，仔细打磨作品。他的作品之所以这么成功，也有一部分原因在于其他人很难做到这一点。

享受不合常理之处的秘诀是？

川村　您今后打算把兴趣投向什么领域呢？

川上　其实我对所有东西都没什么兴趣，这也让我挺苦恼的（苦笑）。之所以2014年的时候会和角川集团合并，也是因为当时国内的内容产业和网络产业形势都很严峻，让我也产生了一些危机感。就在这时，角川集团向我发出了邀请，问我要不要一起做些什么事情，我也就顺水推舟答应了下来。至于具体要做些什么，其实都是之后才开始考虑的。

川村　您对采取"不战而胜"的方式在IT和娱乐领域打开海外市场也没有兴趣吗？

川上　完全没有。从年轻的时候起，我就一直在生意场上和美国人打交道，大体也都知道他们在想些什么。即使我真的发现了一些有兴趣的点，要想把它们和实际生产结合起来，其实也很困难。

比如，我最近对"多样性"这个概念产生了兴趣，也很爱花时间思考它，可这绝对与工作无关（笑）。

川村 您有些地方真的像是位哲学家，就比如您会对"多样性"之类的问题产生思考。真希望您能写一本书，把您的兴趣、发现、所思所想分享给大家。

川上 其实我这周又有了一个没什么价值的小发现。对于位高权重的人，人们似乎有将他们"现象化"的倾向。比如，当这些人发怒的时候，承受怒火的那一方就会将其形容成"雷霆之怒"，或者是说"踩到地雷了"。总之就是用自然现象去做说明。在我看来，这是工薪族们的一种生存智慧，因为他们必须保持精神状态的稳定。

川村 把上司的怒火看成无可奈何的天灾，这一关就能过去了呢（笑）。

川上 有一部分人能做到这一点，有些人却做不到。我思考了一下这两类人之间的差别，得出的结论是，这与有没有成家有关。

川村 没有成家的人无法把这当成是"现象"吗？

川上 简单来说，成家的人需要面对孩子，或者是与疲于育儿的妻子相处。这个过程中，自然会遇到很多不合常理、无法用逻辑说明的事情（苦笑）。于是，他们只能选择接受，并把这些当作一种现象。久而久之，这些人也就会把上司的怒火看作自然现象，能够继续心平气和地追随上司、给他们捧场。对单身人士来说，这是很难做到的。

川村 无法用道理去解释的部分，或许反而是有趣之处呢。

川上 在我看来,"不合常理"正是人生的象征。

对存在交流障碍的人士有何建议?

川上 "不合常理才是人生",从这个角度来思考,我要很遗憾地讲,现在的创作者中,善于交流的人占了太多。

川村 您是希望创作者们都是一些有交流障碍的人吗?

川上 就是这个意思。如果一个创作者没有交流障碍,我就会怀疑他的能力。能说会道的程序员是没什么大本事的。这种人难道不是更适合去跑业务吗?

川村 电影创作人当中,也很难再出现能够凭借一己之力改变规则的"绝对力量"了吧,就像曾经的宫崎骏导演和庵野秀明导演那样。

川上 当今这个时代,单打独斗的英雄做不出什么成果,必须得是人数众多的团队才行。而若想成为团队的领导者,就必须拥有很好的交流、沟通能力。这正是矛盾的根源所在吧。

川村 不知道这算不算得上幸运,我总是和一些有脾气的电影导演、创作人员共事。他们总有很多想法,也不怎么考虑预算的问题(苦笑)。

川上 那些不肯听人命令的人,其实很有趣不是吗?他们总是会自顾自地行动起来,其实还挺让人觉得轻松。

川村 这些人会让周围的人举手投降,他们所发现的东西,却反而更容易让人们感动呢。

川上 吉卜力工作室有位高畑勋导演,他为了拍摄《辉夜姬物语》这部电影,曾花了8年的时间。您有机会可一定要和他合作一次啊。

川村 我跟他一起,能做得出作品吗(笑)?

(2015年5月 于东京·银座·多玩国公司)

复习

纯白的办公室位于东银座歌舞伎剧场之上。

川上量生,这位首屈一指的业界魔术师,身着格子衬衫,出现在了这间可以俯瞰整个东京建筑群的会议室里。

"我并不是在经营公司""人根本就不具备所谓的主体性""如果想要在世间取胜的话,不战而胜是最好的方法""优柔寡断是智慧的象征"。

对谈开始后,川上先生金句频出。既无谦逊亦无虚荣,他之所言皆为真实,皆属合理。

"来电铃声"和"NICO 动画"接连取得成功。正当人们感叹于他的成就之时,他却以见习制作人的身份进入了吉卜力工作室。之后,又突然将公司与角川集团合并。

IT 行业的领头人,不知何时起,出现在了宫崎骏与庵野秀明身侧。

"我比较喜欢略微奇怪或是有些缺点的人。"

作为理科生,他将"逻辑"贯彻到底,却又投身于"不合常理"之中。支持着他的,是他对"人"的无尽好奇心。

无论是公司的经营、成功的法则,抑或是美国人的想法,他都坚定地认为"自己已经全懂了"。或许现在仍能引起他兴趣的,就只有人了吧。

与他交谈的两个小时当中，没有任何无用之话。

也正是在这两个小时之中，我重新认识到，所有问题的答案一定都潜藏在"人"当中。

理科 002　川上量生教会我们的事

是否真的存在具备主体性的人，其实都是一个问题。大家难道不是都在装成自己有主体性的样子吗？装着装着，甚至连自己都骗过了。猴子或是大象会具备主体性吗？在我看来并不会。也就是说，自然界中的动物其实都没有，难道单单人会拥有？我认为这不可能。

谷歌公司在行业里提出了这样一条口号："机器能够完成的事情，就全部交由它们去做吧"，大家也都在追随其脚步。所以，我转而去提供需要人们花工夫参与其中的服务，这才有了 NICO 动画。

如果想要在世间取胜的话，不战而胜是最好的方法。

优柔寡断正是智慧的象征啊。毕竟，如果明明无法给出确切的答案，还硬要采取行动，这不是很奇怪吗？

遇到能说会道的程序员，我立刻就会怀疑他的能力，这种人是没什么大本事的。

理科 003

东京艺术大学研究生院 影像研究科教授

佐藤雅彦

"POLINKY" "Bazar dé Gozarre"
凭借独特的"规则"和"气氛"
打造经典广告,
潜心寻找可以复制的成功路径,
不断开创通往成功的方法。

东京艺术大学研究生院 影像研究科教授

佐藤雅彦
MASAHIKO SATO

　　1954年出生于静冈县。毕业于东京大学教育专业，之后入职电通集团。作为广告策划人，参与湖池屋公司"POLINKY"、日本电气有限公司（NEC）"Bazar dé Gozarre"等热门广告的制作。1994年离开电通集团，成立TOPICS企划事务所。1999年开始担任庆应义塾大学环境信息专业教授，2006年起就任现今职务。主要担任过PS游戏机软件《I.Q》、NHK教育频道《毕达哥拉斯装置》《0655/2355》《思考的乌鸦：科学的思考方式》的企划、监制工作。著有《整理思绪》(日本生活手帖社)《这就是经济吗？》(合著，日本经济新闻社)等书。荣获艺术选奖（2011）、紫绶褒章（2013）等多个奖项。

©Junpei Kato

佐藤雅彦

您凭借理科思维创作的电影入围了戛纳电影节?

佐藤　川村先生您是电影制作人,我的最新工作刚好也正是"电影"。

川村　您拍摄的是怎样一部作品呢?

佐藤　是一部短片电影,名字叫作《八芳园》,2014 年曾入围过戛纳国际电影节的短片单元。我在东京艺术大学开设了一个研究室,这部作品是我与其他四位小组成员一起做的一个尝试,项目的名字就叫作"戛纳项目"。

川村　戛纳可是许多人拼命努力都很难入围,您真的很厉害。

佐藤　我们拍的其实是一部实验电影。我偶然间注意到:"人生当中,我们偶尔会遇到一些不知该怎样应对的局面。"于是心想,只有用影像才能将这些时刻呈现出来。然后我又开始思考,这类情况在什么时候最容易出现呢?得出的答案是:婚礼。比如,当婚礼上需要拍大合照的时候,又或者是被那些略微有些印象的亲戚们团团围住,还找不到话题缓解尴尬的时候……大家应该都有过类似的经历吧。

川村　确实如您所说。

佐藤　我只是将这些"不知该如何消磨的时间"拍了下来,并进行了剪辑。

川村　所以您才把外景拍摄地定在了"八芳园"这个婚礼圣地啊。

佐藤 是的。除此之外，在拍摄手法方面，我们选择"从同一角度进行拍摄"。因此，整部电影的画面显得非常拘束，既没有主人公也没有故事情节。这就对观众的观影能力提出了新要求。在我看来，这或许就是这部作品能获得戛纳组委会认可的原因吧。

川村 您一直这么喜欢电影吗？

佐藤 其实我算是从最近才开始看电影。总的来说，"故事"在电影中占有很重要的地位，而我却是一个非常不擅长写故事的人。日本放送协会（NHK）有一档节目叫作《毕达哥拉斯装置》，很长一段时间以来都是由我在负责，它也有着一样的特点。这档节目由许多小版块构成，没有什么长篇故事。于是，最后它变成了一档幼儿也会喜欢的节目。

川村 虽然您不怎么看电影，可您的作品中却呈现出一种"新鲜的作家气息"，十分与众不同。在我看来，您的作品入选戛纳影展绝非偶然。

佐藤 迄今为止，无论在从事何种工作，我都在很努力地"开创方法"。"采用怎样的新手法，能起到这样的传播效果呢？"我很喜欢研究、思考这些。

川村 "开创方法"是吗？

佐藤 是的。所以我才会认为，如果把电影看作是一种传播设计的新手段，那我应该也能做到。观影的过程中，观众的兴奋程度以及参与程度其实非常重要。无论是电影还是电视节目，我都在进行摸索。我想知道，究竟要传达出怎样的视觉信息和听觉信息，才能让观众们全情投入。

佐藤雅彦

在电通集团工作时,您奉行着怎样的工作方法论呢?

川村　不仅在电影领域是如此,在广告业当中,您也一直给人一种在积极"开创方法"的印象。

佐藤　我是作为"一般职"①员工进入电通集团的。在我入职后不就出现了"广告热潮"吗?那时,短短一两行的文案就可以卖到100万日元(约合人民币6万元),超出常人的想象。可即使如此,也会有失算的时候,比如有时带着人气艺人到海外,邀请当地的著名摄影师来拍照,却没能给大众留下太深的印象……总之,整个行业的工作方式都非常浮躁。在我看来,制作广告不仅需要对拍摄预算和日程进行严格的管理,还需要总结出传播方法论,从而帮助商品获得更高的认知度、市场占有率以及消费者的好感。简而言之,我所推崇的是标准化的广告。

川村　所谓标准化,就是指拍摄手法的可复制性吧。

佐藤　是的。具体来讲就是,我放弃了概念广告,开始专注于商品广告。无论是"湖池屋粟米条"还是"三得利MALT'S啤酒"的广告,我都直接把商品名称加入了广告词当中,遵循的是"以音韵为基础"这一方法论。只不过,我的做法破坏了广告界既往

---

① 日本公司正式员工一般分为一般职和综合职。一般职的员工没有被派遣到外地的担忧,但是也没有任何的晋升机会,以普通劳动力和女性居多。综合职的员工必须服从公司要求,随时被派遣到外地的分公司工作,有时是海外分公司,为公司的主体。——译者注

的规则,给自己树了很多敌。所以我当时真的是被逼到了无路可退的地步,一旦出现一次失败,就再没有机会翻身了。

川村 说起来,您当初找工作的时候,究竟为什么会选择广告公司这么一个偏文科的行业呢?在这个行业当中,又是什么理由促使您选择了电通这家公司?

佐藤 为了能在大学学习数学专业,我在高中的时候选择了理科。升入大学一年级之后,班里真的聚集了许多有天赋的同学。有天,老师正在用板书讲解一道题的证明过程,写到一半却突然停了下来。然后,我旁边那位平时总不怎么听课的同学突然抬起了头,说了一句"啊,是对称性"。下课之后,我向那位同学询问:"你是怎么看出其中的对称性的?"他是这么回答我的:"我必须要跟你解释清楚吗?要是把过程写成报告,大概需要一周的时间呢。"

川村 那位同学算是位天才了吧。

佐藤 那个时候我突然明白了一件事。"从 A 推出 B,从 B 推出 C,所以从 A 推出 C",从前我一直觉得数学就是由这样的三段论累积而成,可只有这样是不够的。对于那些天赋异禀的人来说,可以直接从 A 跳到 X。

川村 因此,您才放弃了"成为数学家"这个目标啊。

佐藤 是的。那个时候我完全看不到自己的未来,于是转变了想法,想着至少也要成为社会的一个齿轮。于是,我向一些厂商、公司和银行投递了简历。至于电通公司,则是我的一位学生推荐给我的,那时我利用课余时间在一所补习班担任兼职老师。当时,我甚至都没听说过"广告代理商"这个词,只是听说这份工作可

佐藤雅彦

以接触到许多行业，于是心想，或许最能够帮助我理解"社会构造"的，就当数这家公司了吧。

何谓凭借规则和气氛进行创作？

川村　我对"从 A 跳到 X"这件事很感兴趣。事实上不只数学是如此，在工作当中，只靠三段论的累加也很难有所突破，创作出特别有趣的作品。可即便是天才，能够一下跳到 X 这一步，也必须要将其中的方法传授给所有人，才能让大家"共享""复制"这份成功。您的特殊之处就在于，您不会说出"我必须要跟你解释清楚吗"这种话，而是会"向大家进行解释和传授，希望每个人都能理解"。我想，这或许也正是您能成为大学教授的原因吧。

佐藤　我这个人啊，非常喜欢帮助别人学习（笑）。现在在大学里进行大班授课时，我也很在乎学生们是不是一个不落地全都懂了。而且，最好不单单是懂了，更在这个过程中都开动了脑筋。

川村　如果是坐着直升机直接降落在了富士山顶，那么即使看到了日出美景，人们也不会觉得感动吧。

佐藤　正是如此。我希望大家在攀登的过程中，找到更多的可能性，发现："原来还有这样的方法。这么一来，这件事就可以做成了！"我希望能拓宽、提高大家在这方面的能力。

川村　您是因为想要做老师，才辞去了在电通的工作吗？

佐藤 并非如此。在我依照"规则"这个方法论从事广告制作的过程中，有过这么一次经历。有次，为了了解我制作的拉面广告到底能起到多大的宣传效果，我去了一个大超市进行观察。然后我碰到了一位主妇，她只买了一包我所负责的广告商品，而家里常吃的"札幌一番"拉面，她则一口气买了很多。从那时起我注意到了，只有"规则"这一条方法论还远远不够。依照"规则"创作出的广告，对初高中生来讲或许非常奏效，可"札幌一番"的广告却胜在创造出了"气氛"。也就是说他们的广告营造出了一种世界观，让大家一提到他们的产品，就想到"该由全家人共同享用"。

川村 营造出了"气氛"是吗？

佐藤 从那之后，在制作广告时，我就一直在坚持"突出规则"和"营造气氛"这两条方法论。在这个过程中我逐渐意识到，能营造气氛、打造世界观的，不仅仅有广告这一个行业。所以，我在40岁的时候离开了电通集团。

您也在研究教育方法？

川村 在那之后，您又进入了大学担任教师，那一年您多大了呢？

佐藤 在我离开电通集团的第四年，也就是我44岁的时候，收到

佐藤雅彦

了一封来自庆应义塾大学的邮件，请我去担任教授。当我第一次走进教室时，心里想的却是：我终于来到了这里（笑）。

川村 也就是说，您一直都对教育事业很感兴趣是吗？

佐藤 我上幼儿园的时候，叔叔送给了我一辆自行车，很快我就卸掉了辅助轮，学会了骑车。可在当时，儿童自行车还很少，周围的其他孩子们都还不会骑。只有自己会骑，让我感到非常无趣。所以，为了让其他孩子也能学会骑自行车，我设计了一个分为四个阶段的课程。通过这个课程，最后大家都学会了。那个时候开始，我就已经非常非常喜欢见证"某个人习得某些东西"的瞬间了，无论对方是小孩子还是老爷爷。

川村 我是否可以这样理解，在您的心里其实一直都装着教育，而在广告业的工作经历，则是您朝着这个目标做出的第一阶段的努力。

佐藤 是的，诚如您所说。要想教给别人什么，自己首先就必须深入了解。为此，我一直在拼命学习，心里想的一直都是："原来这世上有这么精彩的一方天地。我该怎么做，才能让大家都见识到呢？"

川村 对我来讲，"想要去了解"的，多是一些在日常生活中让我感到违和的事物。我创作绘本《MOOM》的灵感也来源于此：有次我想到，为什么把钱和卡移到新钱包里之后，旧钱包就会突然变得像具尸体、失去生机呢？我把这种"违和感"编成了一个故事，以此来说服我自己。

佐藤 正因为我不擅长写故事，所以我总认为故事是很重要的。

49

不过，无论是电影还是别的什么，我都愿意将其看作是一种教育手段。我希望看完我的电影之后，大家能学到些什么，或是掌握一些技能……

拆分成要素之后再进行思考？

川村 您在教学的过程中，有什么特别注意的地方吗？

佐藤 不管走到哪里，我的身后都一定有块黑板。通过写板书，大家能够产生同样的想法，明白同样的内容，因此，我认为黑板是一种非常重要的传播媒介。还有就是，虽然我不认为自己的理科生背景有多么特别，可碰到任何事情，我都有将其拆分成要素的习惯。我总是在想，这件事到底是由怎样的要素构成？换句话说，我想尽可能地用语言将过程表达出来。通过这种方式，我们就能找出剩下的，也就是真正不可解的部分，与其对峙。刚刚讲到的"从 A 跳到 X"也是，我不怎么喜欢这种含糊不清地跳过过程的行为。

川村 也就是说，只凭感性就跳过一些步骤，十次里面只有一次能成功，这种做事方法会让您感到头疼对吧？

佐藤 我不想轻易地把"感性""信念"这类词挂在嘴边。当然，我也知道只有凭借"感性"才能走到最后一步，但如果把成功的理由都简单地归结到这类词上，会让人觉得态度傲慢。

佐藤雅彦

川村 我们是应该重视这个问题啊。

佐藤 任何作品在最后阶段都需要"跳跃思维"。可实际上,有些方法论可以帮助我们实现这种跳跃,这就是我在课堂上向大家教授的内容。举例来讲,无论是电视节目《丸子三兄弟》(だんご3兄弟),还是零食"DonTacos"(ドンタコス),我在命名的时候都使用了很多浊音。将创作过程进行拆分之后,我发现了其中的理由。达斯·维德(Darth Vader,ダース・ベイダー)、哥德尔(Gödel,ゲーデル)、歌帝梵(GODIVA)……这些给我留下深刻印象的词语当中,都存在着大量的浊音。当时,我把这个发现命名为"浊音时代"。

川村 原来《丸子三兄弟》这个名字的灵感是源于达斯·维德啊。

关于日本电气公司(NEC)广告当中的那只小猴子,您为何给它取了 Bazar dé Gozarre 这个名字呢?

佐藤 以前,我们有次去纽约进行外景拍摄。我不喝酒,所以每当有人邀请我去酒吧之类的地方,我也总是拒绝。可那次他们跟我说:"佐藤,我们这次要去的夜总会真的很棒,出过很多有名的音乐人呢。"于是我就问了一句:"那家店叫什么名字?"他们回答说:"叫作CBGB。"听到CBGB这个名字的瞬间,我感觉身体像是过电一般颤抖了起来。

川村 是因为这个名字很有韵律感吗？

佐藤 是的。至于原因，是因为 CBGB 这个名字符合 ABA'B' 的构词结构。举例来说，《古利和古拉》(*Guri and Gura*) 和"奇巧"巧克力 (Kit Kat)，也都跟 CBGB 采用了相同的形式。于是我就想："下次再有人找我设计名称或宣传语的时候，就按照 ABA'B' 的格式来构思吧。"在那之后，就诞生了 Bazar dé Gozarre 这个名字。

川村 这可真是凸显了理科思维的特点（笑）。

佐藤 虽然并非是立刻就能想到"Bazar dé Gozarre"这一步，但我们可以把这个方法论当成是跳板。而且，一旦我们成功实现了飞跃，还可以回过头来搭建一座桥梁，这么一来，以后的路也会越走越顺。

川村 有了方法论之后，就可以进行"批量生产"了吧。

佐藤 是的。我常常会对自己的作品进行要素拆分，再利用其进行批量生产，也就是说我会进行自我模仿。这么一来，不管来找我的是三得利还是丰田，我都可以交出 80 分以上的答卷。总之，广告的根本就在于"广而告之"，所以我们必须不断地对方法论进行探寻，尽可能地将信息传达给更多的人，绝不能在这一点上有所懈怠。

佐藤雅彦

您如何看待当今的广告界呢？

川村　您的做法，对于那些一直凭借感性来制作广告的人来说，算得上是相当大的威胁了吧。然而，我感觉最近的广告界似乎又旧风复起，回到了您出现之前的样子，更多地在倚仗"感觉"或是"势头"。

佐藤　是的。大家都在想该如何展示自己，即使设计上并没有什么特别之处，也要虚张声势，在媒体上大肆宣传。现在，这类所谓的"媒体知识分子"主导着话语权，让我感到非常遗憾。而有能力的设计师和广告策划人则坚守着匠人精神，将所有心血都倾注到广告制作当中，正因如此，才会特别地不善言辞、态度谦虚。当今时代，似乎不积极推广自己就无法取胜，这其实很残酷。

川村　在自己的电影公布或者小说发行的时候，我也会接受采访、做些宣传，可在所有宣传手段当中，我最怕的就是上电视，总是鼓不起勇气。

佐藤　不只是电视，我就连报纸的采访也很少接受，总之就是会拒绝大部分的台前工作。在我看来，有做这些事的时间，我不如去构思企划、参与制作、开展教学。面对没什么名气的人，大家也能更坦率地给出意见，而不会感到有压力。在教室和公司里，学生还有年轻人们总能轻松地跟我指出："老师，您这里讲得不对。"很多时候还会全盘否定我的想法。如果失去了这样一种环境，那可就完了。

川村 懂得顺势而为的人更受欢迎、更易成功，或许这才是世间常态。

佐藤 我认为现在的状况与日本的教育制度存在很大的联系，所以很早就开始在这方面下功夫，当中就包括幼儿教育节目和媒体教育。《毕达哥拉斯装置》今年就要15岁了，等到看着这档节目长大的孩子们到了三四十岁，在社会上大展拳脚之时，或许会带来一些改变吧，我很期待那一天的到来。

川村 《毕达哥拉斯装置》真的是一档伟大的节目。

佐藤 它的初衷与以往的儿童节目不同，并非是为了传授知识，而是想要教授思考的方法。我所宣扬的虽然是"在娱乐中发现兴趣"，但其实更希望大家能发掘隐藏于自己内心的兴趣，凭借自己的力量一点一点地思考，并享受其中的乐趣。

川村 在制作《告白》这部电影时，我曾同中岛哲也导演合作过。有次，在一所专门学校举办的电影活动上，他先是说道："制作人在观看电影时，不能只是单纯地感动，而需要掌握观看的方法。"之后又解释道："第一遍只需正常观看，假如某个场景让自己落泪了，就在看完整部电影之后，再倒回那个镜头，分析触动自己的到底是影像、音乐，还是演员的演技。重要的是，要进行拆分，将整体还原成要素。"

佐藤 我也一直在跟我的学生们强调同样的事情。我自己在看黑泽明导演的电影时，也会以"帧"为单位去分析，感叹"原来他是这么做到的"。

佐藤雅彦

您如何看待"流行"呢？

川村 您也在从事游戏制作对吗？

佐藤 其实我从不玩游戏，可在我从电通集团独立出来一年之后，有天脑海里突然构想出了这样一个世界：迎面而来的立方体快要把自己压扁，于是主人公开始左右闪避。可我意识到："这似乎不是广告，而更像是我平时不会玩的电脑游戏。"

川村 "气氛"已经诞生了呢。

佐藤 是的。于是第二周，我就在一无所知的情况下，去了位于青山区的索尼电脑娱乐公司，请教了他们的意见。然后，对方回复我说："只是这样一个构想的话，有一两个月就能做出来。"于是我就拜托给了他们，最后也确实成功地做出来了。我很是激动、连连高呼，不知为何索尼的人却并不怎么高兴。于是，我就在楼梯间抓住了负责这个项目的新员工，向他刨根问底。他回答我说："这是因为……那个……您的想法没什么游戏性……"那时我第一次意识到，电脑游戏是需要具备"游戏性"的。我可真是一个门外汉吧。

川村 在我看来，那些颠覆常识的大作，往往都是从"本末倒置"的想法中诞生（笑）。

佐藤 最初我在制作的时候只考虑了"气氛"，因此做出来的东西与以往的游戏完全不同，被很多人说更像是一部电影。可听了那位新员工的话之后，我意识到"原来如此，必须要加入游戏性"。在那之后，我终于开始认真思考"游戏的规则"，最终花了将近3年的时间做出了一部游戏。那部游戏叫作《I.Q》，单在日本，销量似乎就达到了150万份。这是我离开电通集团之后，利用"气氛"方法论所交出的第一份答卷。

川村　您虽然不怎么出现在台前，实际上却是一个不折不扣的"流行缔造者"吧。

佐藤　然而，我其实不希望别人这么看待我。我并不认为这是什么值得夸赞的事情。虽然无论是《毕达哥拉斯装置》的DVD，还是我写的经济方面的书，都取得了不错的销量，可我其实不希望大家只是因为"这个现在很火"就决定购买，我希望大家的消费是出于"喜欢""想看"之类的理由。所以，每当我参与制作的商品面市时，我都会提出这样的要求："请不要靠促销活动来扩大销量。"我期待看到销量单纯因为受众的"兴趣"而上涨，而不是其他因素。

人类的学习方式还存在新的可能？

川村　现在，您正致力于哪个领域呢？

佐藤　我想让孩子们获得真实的体验，全身心地沉浸到某些事物当中。就拿再版的《机械要素》这本书来说，在"二战"开始到

"二战"结束的这段时期里,工学部的学子们一直将其奉为圣经。这本书虽然主要是在对机器的结构进行说明,但也不乏一些有趣的齿轮构造。我在考虑,要不要把书里的这些模型开发成面向儿童的商品。现在,大学里也有激光切割机和3D打印机之类的设备了,因此也具备了试制的条件。我小时候在塑料模型的陪伴下学到了很多知识,我想给现在的孩子们也提供同样真实的体验。

川村 为什么要"真实"呢?

佐藤 当然,我也承认"能够脱离现实,进入概念的世界"正是人的伟大之处。然而,即使我们真的能步入那个世界,"在现实里坚实地走好每一步"仍很重要。事实上,现实有时比概念中的世界还要来得重要。只是我们还没能意识到这一点。从这个角度来看,我认为还有新的学习方式有待人们发现。

川村 这可真让人感到充满希望。

佐藤 我从未把我的工作叫作"作品"。因为我认为只有当一件东西成了全人类的财富,它才有资格被称作"作品"。于是我想,既然总归要做,就朝着"作品"这个目标努力吧,这才拍摄了《八芳园》这部电影,可惜还是没能拍成一部引人共鸣、名留青史的作品。

川村 您接下来还是想继续在电影领域发起挑战吗?

佐藤 我的目标从未改变,一直都是要寻找"新的学习方式"。而我把电影当作一个适合进行这方面实践的场所,因此非常感兴趣。被邀请到戛纳电影节,观看了许多电影之后,我产生了这样的想法:"如果想要把现今的电影流传到后世,我们就必须发掘出一些新的东西。"所以虽然要出现在台前，我这次还是决定接受邀请，与您见面（笑）。

川村 其实我在制作电影的过程中，也一直有着这样的想法："电影当中还有许多尝试尚待进行。"比如，当昆汀·塔伦蒂诺导演出现的时候，既往的电影规则全在瞬间被破坏、重构了。我也想尽可能地参与、见证这些时刻。另外，我从很久之前就很想加入您的研究室了……

佐藤 入学考试的竞争可是很激烈的，不知您有没有听说？考试科目包括数学、物理……

川村 这不全成了理科！这样的话我可不行了（苦笑）。

（2014年8月于东京·筑地·EUPHRATES公司）

佐藤雅彦

复习

在位于筑地地区的办公室里，我见到了佐藤雅彦先生，他的身后摆放着一块黑板。

上面有一些图形和词语，是粉笔的痕迹。他的创意就从这里诞生。

他凭借着"规则"和"气氛"，创作出无数的热门广告。

"我不想轻易地把'感性''信念'这类词挂在嘴边。"无论是在游戏、教育还是电影领域，他都没有选择依靠"感觉"和"直觉"，而是找出确切的方法，将成功总结为可复制的过程。与此同时，《I.Q》《毕达哥拉斯装置》《团子三兄弟》等一系列作品也都大获成功。

他的世界皆由逻辑构成，然而又总让人感到亲切。

"我非常非常喜欢见证'某个人习得某些东西'的瞬间，无论对方是小孩子还是老爷爷。"

孩童时代，他为了让朋友们都学会骑自行车，独自开创了课程，而今，他依然未曾改变。对谈当中他讲道："还有新的学习方式有待人们发现。"他微笑着在黑板上画图演示，还欣然地将实验工具展示给我。他决不放弃那些不懂的人。当今时代，或许他的这种态度便是"温柔"本身。确实，"想要去传达"的心情乃是人之根本，而这也正是他那由逻辑构成的世界一直给人亲切之感的原因，是他的成功之根源。

理科003　佐藤雅彦教会我们的事

无论是在从事何种工作，我都在很努力地"开创方法"。采用怎样的新手法，能起到这样的传播效果呢？我很喜欢研究、思考这些。

在我进入电通集团之后不久，就出现了"广告热潮"。虽然在购买文案和海外取景上花了很大的价钱，认知度却不是很高……这种浮躁的工作方式让我感到很不对劲，于是开始提倡广告的标准化，即可复制性。

我这个人啊，非常喜欢帮助别人学习。现在在大学里进行大班授课时，我也很在乎学生们是不是一个不落地全都懂了。而且，最好不单单是懂了，更在这个过程中都开动了脑筋。

虽然我不认为自己的理科生背景有多么特别，可碰到任何事情，我都有将其拆分成要素的习惯。我总是在想，这件事到底是由怎样的要素构成？

我不想轻易地把"感性""信念"这类词挂在嘴边。

不只是电视，我就连报纸的采访也很少接受，总之就是会拒绝大部分的台前工作。面对没什么名气的人，大家也能更坦率地给出意见，不会感到有压力。

理科 004

任天堂　专务董事／创意总监

宫本茂

《超级马里奥兄弟》《塞尔达传说》，
作为游戏制作人，
他的杰出作品接连在全世界掀起热潮。
他在文科与理科交错之间，
打造给人们带去快乐的游戏。

任天堂　专务董事 / 创意总监
宫本茂
SHIGERU MIYAMOTO

　　1952 年出生于京都府。1977 年毕业于金泽美术工艺大学工业设计专业，之后入职任天堂公司。作为游戏制作人，他曾打造出无数游戏史上的巨作，包括《大金刚》（1983）、《超级马里奥兄弟》（1985）、《塞尔达传说》（1986）、《F 零式赛车》（1990）、《星际火狐》（1993）、《皮克敏》（2001）等。2007 年被美国《时代》杂志评选为"全球最具影响力百大人物"（TIME 100），被称作"电子游戏界的斯皮尔伯格"。曾荣获法国荣誉军团骑士勋章（2006）等国内外多项荣誉。

©Kosuke Mae

游戏与电影的区别在于?

川村 宫本先生,我是您游戏作品的忠实粉丝。

宫本 知道您是电影制片人,所以我本来打算跟您交流一下《皮克敏》微电影的事情,既然您这么说,我可必须得打起精神,认真应对了(笑)。

川村 说起来,《皮克敏》微电影上映的时候我去看了3D版。我感觉您以往在制作游戏时,一直都拒绝给角色编织剧情,所以听闻您开始做电影时,说实话我有些意外。

宫本 确实,过去我一直在说"游戏与电影不同"。可《皮克敏》有些不一样,让我产生了想要将其做成电影的想法。此外,以往的手绘动画电影或是真人电影总是无法将游戏世界完全再现,而如今进入了CG时代,电影与游戏之间的技术差距不复存在,我们也就不需要再为了电影化而改动角色。这也是我决定制作这部电影的一个重要原因。

川村 听说这部电影的剧本也是您亲自写的?

宫本 从内容来看,我写的东西其实不像剧本那么翔实。我先是会将想法记录在"可动记事本"(※ 任天堂DSi游戏机搭载的软件)上,或者是口头记述下来。工作人员会在此基础上画出大致的分镜剧本,再添加一些简单的动作效果,做成符合电影时长的动画。而我会再对不足之处进行添补,对不合理之处进行修正……这部电影就是这么诞生的,我担当的差不多算是导演的角色。

川村 看的时候我也感觉到,这部电影充斥着您的个人特色。

宫本 可也是因为采用了这种工作方式,我们花了两年的时间才把这部 20 分钟的短片做出来……(苦笑)

川村 您所花的时间,简直可以媲美好莱坞的大师们了(笑)。

宫本 我不否认这一点(苦笑)。最后我们所花的时间约为预想时间的四倍,所以开销也高达四倍之多。话说起来,有个地方让我觉得做电影很可怕,那就是"不到编辑阶段很多事情都无法确认"。而真到了那个时候,即使我们再指出一堆问题,也都于事无补、没法再修改了。要是游戏的话,我可会一直修改到最后一刻。

川村 您经常会做"推翻重来"的事情呢(笑)。

宫本 正是如此。比起按部就班、循规蹈矩,在积累经验的过程中进行总结,于不平衡当中找到平衡,创造出的作品才更有趣。

"不擅长的人也能玩的游戏"是怎样诞生的?

川村 我 1979 年出生,《大金刚》是我的入门游戏,然后是《超级马里奥兄弟》。再从红白机(FC)到后来的超级任天堂(SFC)、GameBoy 掌机,我可以说是玩着您的游戏长大的。可我其实并不是一个重度游戏玩家。我与游戏的关系虽然算不上密切,可玩过的游戏竟全部是"出自宫本茂之手"。在我长大知道这件事之后，真的非常惊讶。

宫本 那我可得表达一下感谢。

川村 小时候，我的游戏其实玩得很烂。大家聚在一起玩红白机的时候，我与别人的差距总是越来越大，这让我感到有点寂寞。可在玩您的游戏的时候，我总能融入大家，哪怕只是看着别人玩都感觉很开心。您在开发游戏的过程中，有特别关注这一点吗？

宫本 游戏中的绝对准则是：要让玩家在技术提高之后感受到更多的快乐。可我在还年轻的时候就已经意识到："许多并不擅长游戏的人其实也是我们的玩家。"《超级马里奥兄弟》在全球卖出了4000万的销量，许多人都曾对我说："我在玩这个游戏。"可仔细询问一下就会发现，并不是所有人都通关了。

川村 每个人享受游戏的方式其实都不一样吧。我拍电影的时候也有着同样的想法：一部电影的观众，如果有单纯将其视作娱乐的学生，有像看电视剧一样获取感动的成年人，有能够就主题和拍摄技术展开讨论的电影狂热爱好者……总之就是各个阶层的人都能喜欢它，这些人可以共聚于电影院，那可真是最理想的状态了。

游戏制作当中，文科与理科这二者都不可或缺？

宫本 还有一件事我一直以来也很重视，那就是"要做自己触碰起来会感到愉悦的游戏"。与"通关"或是"发现自己比别人更强"时感受到的快乐不同，我希望能在操作的瞬间就让玩家感受到快乐，希望按下按钮那一刻的反应能给玩家带来一种难以言明的愉悦感。总之，就是想要让游戏与玩家们的生理感觉完美契合。

川村 这么想来，超级任天堂游戏机上的"LR键"就是一个十分典型的例子。按下这个键，马里奥卡丁车就会"砰"地往上弹一下，真的会让人获得一种生理上的快感，我到现在还记得那种感觉。能做到这一点，很大一部分原因也是因为任天堂自己就在从事框体游戏机的生产制造吧。

宫本 我毕业于工艺大学，刚进入任天堂的时候，设计的一般都是游戏中心里的桌游，或是大型街机，与我共事的也都是一些机械设计师。之后，公司又顺势开发出了红白机和超级任天堂，那个时候我也是和设计方面的负责人一起进行管理。后来在开发Wii游戏机的过程中，也一直是画面与技术并重的感觉。

川村 在游戏世界当中，如果不把艺术、故事这样的文科世界，和编程、工程之类的理科世界彻底交融，就没法创作出能给人带去快乐的、有趣的游戏吧。

宫本 我认为是这样。只是，我在大学的时候对编程完全没有兴趣……所以在上交设计作业的时候，我总是选择设计幼儿园里的玩具，或者是大型娱乐设施之类的东西。在我确定入职任天堂之后，大学里的老师还问过我："你怎么没有选择纯艺术行业呢？"

理解科技有多么重要？

川村 您在学生时代完全是个艺术家吧。

宫本 但我在看着自己的作品时，一直觉得"这完全不是纯艺术啊"（苦笑）。在我进入公司的第二年的时候，游戏《太空侵略者》的热潮席卷全球。我认为那是一个非常有趣的商品企划，从那之后我决定必须要好好跟电脑打交道。当时我周围有许多技术大神，于是我开始经常向他们求教，然后意外地发现：逻辑的世界竟如此有趣。然后我开始探究有些事情无法做到的原因到底是什么，有时会发出这样的感叹："原来画面之所以能运动是因为运用了这个原理，所以才没法做出那种效果啊。"

川村 那段日子对您来说是学习时光吧。

宫本 最先让我感受到冲击的是彩色版的《太空侵略者》，太东公司当时在显像管上覆盖了彩色塑料膜（笑）。于是我就向技术人员询问："不能直接把画面做成彩色的吗？"得到的回答是："做不到。"可是，南梦宫公司之后推出的游戏《小蜜蜂》就做成了漂亮的彩色。于是我再次向程序员追问道："那他们公司是怎么做到的？"

川村 于是您就开始潜心钻研理科了是吗？

宫本 学习了相关知识之后，我对他们说："1 比特的存储空间是只能做出黑白画面，可如果在 2 比特当中将黑与白叠加，就能产生第三种颜色，所以不存在什么做不到。（苦笑）"那次经历让我明白了两件事：一是用逻辑讲话能够说服他人；二是负责硬件开发的技术人员只关注现实，要想跟他们谈可能性，必须得从其他角度切入。

川村 原来如此。

宫本 从那之后，哪怕技术人员告诉我做不到，我也会刨根问底地询问其中缘由。这么一来，他们也会兴趣盎然地教给我一些知识，我也开始向他们提出一些建议："那么，如果这么操作的话，就会呈现出这样的效果是吗？"也就是说，我总是一边向程序员学习，一边就画面的显示向他们提出建议……这就是我们一直以来的工作模式。到了今天，我们公司里的所有设计师也都必须进行硬件方面的学习。从我的经验来看，懂了硬件之后，游戏设计会变得更容易。

如何在文科与理科之间构筑起信任关系？

川村 听了您刚刚的话，我回想起自己开启"理科对谈"系列采访的初衷。我那些懵懂的疑问似乎都在您这儿找到了答案。在观察现实、找出方法这方面，技术人员算是专家，可将他们带入全新领域的，正是艺术家和讲故事的人不是吗？

宫本　大前提是需要有人愿意陪着你去解决那些难以应付的课题。比如说，程序员的责任在于保障程序无错运行。可我想让他们觉得："这件事虽然存在一定的风险，但是挺有意思的，就试试看吧。"那么很重要的一点就在于，我要怎样做才能获得他们的认可。

川村　原来《超级马里奥兄弟》和《塞尔达传说》就是这样在文理科的正面碰撞之中产生的啊，我现在对整个过程有了非常深刻的理解。不过，我想这些作品的成功，也与您没有将技术视作不可知的"黑箱"，而是选择深入地进行学习有关吧。

宫本　我只能说是学了些皮毛，懂些理论和原理，却没有什么实际经验。在真正厉害的人面前阐述想法时，他们会觉得"跟这个人怕是说不通啊"。可适当地花些功夫学习一下，跟大家的交流就会变得更顺畅，也更容易让对方信服。

川村　电影摄影技术也是如此。过去一般都是一秒 24 帧的胶片电影，现在却几乎都变成数字电影了。而我很喜欢相机，所以总会查一些相关信息，比如说最新的相机规格。有时我会跟摄影组的人说："我想做出斯坦利·库布里克《闪灵》里的那种效果，所以如果采用数字摄影，我想用那种相机配那个镜头……"然后他们则会说："你可真麻烦（苦笑）。"可也正是因为我自己学习了一些知识、能插上一些话，最后我和摄影师的关系变得很好。

宫本 确实是这样吧。还有就是，我所处的时期也非常幸运。刚才也提到，那时正处在电脑行业的黎明时期，我们几乎只需要给"红白机"这一道题目交出答案。因此我们的目标也很明确，就是"要在这台设备里用这么大的内存，做出最好的游戏"。如果有人对我说："这里有一张纯白的画布，把你喜欢的东西画在这上面吧。"我会迟迟无法下笔。可如果将题目限定到一个范围当中，我则有信心说："我的作品一定与前人不同。"这么一来，我才好开始行动。从这个角度来看，现在的人面对的是一张纯白画布，而且在还没搞清楚自己擅用什么画具的情况下就必须开始作画，真是很不容易。

将《超级马里奥兄弟》的背景做成天蓝色的理由是？

川村 我有个问题一直想问您，《太空侵略者》《大金刚》等游戏，背景不一直都是黑色的吗？可到了《超级马里奥兄弟》的时候，突然就变成了天蓝色，这当中的理由是什么？

宫本 当时大概有 60 种颜色可供选择，我也一直都知道里面包括天蓝色。只是，以前的屏幕分辨率并不高，如果将背景做成蓝色，会让角色显得模糊。每一幅画面都倾注了大家的心血，所以我们一直坚持使用黑色的背景。再加上我们也不想让别人抱怨说"玩游戏导致我视力变差了"，所以一直都没有采用别的颜色。可做

《超级马里奥兄弟》的时候，正赶上带光驱的电脑问世，因此我们打算将其作为最后一个纯游戏机游戏推出。我们想着："这部游戏在某种意义上讲也算是一场狂欢，干脆就搞得花哨一点吧。"于是决定采用天蓝色。

川村 有了天蓝色背景之后，以往的黑色游戏背景相比之下全都显得沉闷起来。总之，我当时受到了很大的冲击。"明明只是改变了颜色，感觉却变得完全不一样了"，我至今还记得那时的感受。

宫本 我也还记得，当超级马里奥从天蓝色的世界"啪"地一下坠入水管之时，我仿佛感受到了一阵寒意，整个人都战栗起来。于是我想："必须将这种感觉更加充分地利用起来。"于是又对其进行了强化，做出了《塞尔达传说》。我们做了很多尝试，比如说能不能利用音乐使内容变得更加丰富。

川村 确实，在第一次听到这部游戏的效果音时，我受到了很大的震撼。

宫本 在那之前，只有按压红白机的面板时才会发出声音。而到了塞尔达这部游戏时，技术已经发展到可以添加音效素材了，于是我们使用了大量的效果音。那时，我和任天堂的音效导演近藤浩治一起下了很大的功夫。确定效果音时，我先是把他做好的音效全部听了一遍，然后再一点点地确定什么地方该用什么声音，整个过程都非常开心。音乐真的是一种很神奇的东西，单凭它就能影响人们的心情。

川村 跟我一起合作拍摄了《告白》这部电影的中岛哲也导演，也常说这么一句话："比起画面，音乐更能打动人心。"

宫本 不过，游戏当中添加音效的方式比较特殊。比如说赛车游戏当中，比起真实的油门轰鸣声，加入一些不一样的声音，效果反而会更好。如何把现实当中不存在的声音大胆地加入其中，是游戏当中很有趣的一个部分。

川村 您的过人之处就在于，在踏入理科领域、研发技术的基础上，还坚持着对颜色、声音这些文科领域特质的艺术追求。

宫本 此外，我还做了很多的命名工作。

川村 这当中又有什么学问呢？

宫本 让人觉得"嗯，这个似乎还可以"的那类名字几乎都行不通，反而是那些一开始收到许多反对意见的名字，实际上却往往很成功。重要的或许是要"与众不同"吧。

智能手机登场，未来游戏将何去何从？

川村 1981年，您推出了自己的第一部游戏《大金刚》，如今已过去了30多年。在红白机的年代里，您做了很多努力，将游戏当中那份简单的快乐传递给了大众。如今，技术条件得到了很大的提高，几乎没有什么设想是做不到的，可若想在现今的行业当中再现当年的那份快乐，还是挺困难的吧？

宫本 一方面，现在手机已经可以支持绝大部分的游戏了，这对我们来说确实形成了威胁。可将视线投向整体的游戏文化，我也感觉到：专门的游戏机此前一直在朝着高性能的方向发展，几乎成了一种几乎脱离了现实的、豪华而又昂贵的东西。所以，我也认为因为智能机的普及，游戏又得以回归日常。比如，有些玩家会觉得"还是红白机年代的游戏更好玩"，我们现在再推出这类游戏，他们也仍会支持。因此，玩家的数量有时反而是增多了。也就是说，游戏制作方逐渐可以自主选择，确定"目标受众群体"。从这个意义上来讲，我认为游戏行业正在朝着一个还不错的方向发展。

川村 电影从诞生到现在也经历了120多年。时至今日，有的人完全不使用CG技术也拿下了奥斯卡，有的人则选择将CG技术运用到整部电影当中。可以说，两种方式都很有市场。

宫本 我不太熟悉电影，不过有这样一个印象：在日本，想看电影基本只能去电影院或是在电视上看。只是有些时候看到一些优秀的欧洲电影短片，我会产生这样的疑问："这些要在哪里能买到呢？"之后如果能在专门的音像店里找到这部电影的DVD，我会觉得非常有新鲜感。换成游戏也是一样，我还想做出更多不拘泥于条条框框的作品。

川村 现在的播放平台也变多了，比如说 YouTube 之类的。

宫本 我们之所以会做《皮克敏》这部电影，也是因为 YouTube 这类播放平台还在继续增多，我们任天堂也有了选择权。到了电影上映的时候，也不必非得去走访电视台。事实上在推广《皮克敏》的过程中，我们还推出了"任天堂3DS"这款便携式游戏机，它也是我们销售3D动画的手段之一。

您怎样看待"潜心创作"与"受人关注"之间的平衡？

川村 说到任天堂，我还有一个印象：《地球冒险》（※1989年发行的角色扮演游戏）以及一些其他新游戏的开发似乎都离不开糸井重里先生的企划案。

宫本 糸井在职那段时间我是制作人，一直在负责项目支持的工作。有时他会喊我说："一起进行头脑风暴吧！"我虽会参与，但也一直很小心，不想让自己成为引领话题走向的那个人。那个时期我体会到："我在名义上虽然是制作人，实际要承担的任务却是多种多样的。"这真的是非常宝贵的经验。若是我那时再年轻一点，怕就要因为能和糸井先生共事而感到得意忘形，经常出现在大众的视野当中了吧。

川村 确实，您虽然是世界顶级的游戏创作者，却极少接受媒体的采访。

宫本 销量好的时候我走到台前也就算了，可如果无论做什么都烙上自己的名字，会感觉身后有个什么东西在追着自己似的。

川村 我也觉得最理想的状态是：玩家不是因为"这是宫本茂出的游戏，所以买了"，而是"查了下自己玩过的游戏，发现制作人全是宫本茂"。

宫本 如果我的其他作品也被写上"《超级马里奥兄弟》制作人出品"，是挺烦的吧（苦笑）。

川村 "创造出好的作品"和"举世瞩目"并非一回事。比起自己出名,您更希望作品获得大家的关注,也一直在为之努力吧。另外我还想问您一个问题,您有没有过斗志满满、准备"进军世界"的时期呢?

宫本 我从来就没有过这种斗志。只有最初制作《大金刚》这部游戏的时候,是以在美国发售为目标,我那时候也对美国有很多憧憬。可实际在美国发行之后,我开始意识到:一部游戏,只要能让人感受到生理上的快乐,那么它就会受到全世界的欢迎。

川村 无论是日本人、美国人还是欧洲人,能让人们感受到生理快感的东西,都没有太大的不同吧。

宫本 如果过于偏向某个国家,加入很多这个国家的元素,反而会导致在其他国家的销量不好。我平时生活在任天堂本部的所在地——京都,以前一直对东京有种自卑情绪,想着:"东京应该很厉害吧""我必须得去东京参加这些活动,丰富自己的见识"。可后来遇到一起共事的糸井先生,他虽说来自东京,却很是平易近人。从那之后我明白了:"比起你来自哪里,成为一个不可撼动的个体,交出作品才最重要。"能学到这一点,我感到非常幸运。后来,许多游戏发行到了海外,有好几次我都想:"幸好在制作过程中,我没有过于在意东京这个市场。"

川村 这真是一个非常有说服力的故事。

宫本 所以我转变了思想,开始认为不必在游戏中融入日本的流行元素。并不是说这件事本身有什么不好,而是因为加入日本元素之后,将作品推向海外时就势必要做出修改,这需要花很多功夫。比如，在刻画教堂时很重要的一点就是：我们所展现出的画面只是让全世界的玩家感觉"这应该是所教堂吧"，而不强调其宗教色彩。

关于未来，您有什么具体的目标吗？

川村 关于未来，您有什么具体的目标吗？

宫本 我也不知道自己将来会做些什么（笑）。不过有一件事是我本来想做的，却已经被"谷歌地球"抢先了。我一直想利用 3D 或是数码技术制作一个类似于"贴满卫星照片的地球仪"一样的产品。从这个意义上讲，也是因为互联网技术的发展，"谷歌地球"才得以诞生。只要能够耐心等待硬件的进步，其实还有许多领域在等待我们的探索。至于我要选择进军哪个领域，也还说不准。

川村 毕竟可以说是硬件的发展催生了软件的进步。

宫本 说点眼前的事情吧。有些玩家想要在家里的客厅里玩 WiiU 游戏机。现在很多家庭有个大电视，还有当作小电视来使用的平板电脑。我希望利用这点打造这样一种情境：玩家们既可以任意选择其一作为平台，也可以同时使用两种设备来玩。目前，我们正在 WiiU 这个平台上开发许多游戏，当中就包括《星际火狐》（※1983 年发行的一款射击游戏）时隔多年的重制版。

川村 真的吗？我身边也有好几位创作者想要把《星际火狐》拍成电影。

宫本 在海外，我们也尝试过以《星际火狐》为原型进行动画创作，人气还挺高。另外我们原本幻想过，英国那边的电视台会不会向我们发出邀请，让《星际火狐》接档《雷鸟特攻队》。整个制作过程，我们都满是期待。可惜那边并没有任何动静，于是我们又想："要不接下来就继续进军动画制作领域吧。"现在大概就是这么一个情况。

川村 比起电影，我更期待《星际火狐》能被做成电视连续剧，就是要像《雷鸟特攻队》那种感觉才好。

宫本 再加上现在很多平台都推出了线上播放服务，电视剧的播放终端也有所增加，对创作人员来说也更便捷了。

川村 我期待那一天早日到来。

（2014 年 9 月于京都·南区·任天堂公司）

复习

从京都站八条口打车出发,约过 10 分钟,就可以看到一座四面都是白色正方体的巨大建筑物,仿佛由一个个存储器组建而成。人们不禁会屏住呼吸,感叹道:这里就是俘获了全世界游戏爱好者的任天堂本部啊。

从《大金刚》《超级马里奥兄弟》《塞尔达传说》一直到《皮克敏》,宫本茂凭借天才般的创造力,以京都为据点,在全世界掀起游戏热潮。

"我总是一边向程序员们学习,一边向他们提出建议……这就是我们一直以来的工作模式。"

游戏是一座理科与文科交错的战场,本是艺术家的宫本茂先生,开始学习编程知识、说服技术人员,有时还会将一切推翻重来。就这样,他创作出了许多"既有趣又能给人带去快乐的游戏",震惊了全世界。

"比起按部就班、循规蹈矩,在积累经验的过程中进行总结,于不平衡当中找到平衡,创造出的作品才更有趣。"

他讲着一口关西方言,听起来很是开朗。在他的身上我感受到了一种极致,那是只有将文理两科融会贯通的创作者才能到达的高度。现如今,我们进入了手机游戏的时代。"游戏又得以回归日常",这位游戏天才如是说。人们不禁好奇,接下来他又将带领大家发现一个怎样的世界？临别之际，我与宫本茂先生一起在任天堂公司的入口处玩了会儿 DS 游戏机，并合影留念。本该感到疲乏的，可待我回过神来，却发现自己笑得像个孩子。宫本茂先生的游戏果然像是被施了魔法，能够触动每一个人的童心。

理科004　宫本茂教会我们的事

要是游戏，我会一直修改到最后一刻。比起按部就班、循规蹈矩，在积累经验的过程中进行总结，于不平衡当中找到平衡，创造出的作品才更有趣。

大前提是，需要有理科技术员愿意陪着你去解决那些难以应付的课题。比如说，程序员的责任在于保障程序无错运行，那么很重要的一点就在于，我要怎样做才能获得他们的认可。

音乐真的是一种很神奇的东西，单凭它就能够影响人们的心情。

一方面，现在只要有一部手机，就可以玩绝大部分的游戏了，这对我们来说确实形成了威胁。可另一方面，我感觉到游戏又得以回归日常，也就是说，游戏制作方逐渐可以自主选择，确定"目标受众群体"。从这个意义上来讲，我认为游戏行业正在朝着一个还不错的方向发展。

销量好的时候我走到台前也就算了，可如果无论做什么都烙上自己的名字，会感觉身后有个什么东西在追着自己似的。

一部游戏，只要能让人感受到生理上的快乐，那么它就会受到全世界的欢迎。

理科 005

媒体艺术家

真锅大度

既是世界级媒体艺术家，
又是程序员、艺术家和黑客。
他在实验与编程当中
经历了无数次的尝试和失败之后，
孕育出令人惊叹的"精度"和"表现"。

媒体艺术家
真锅大度
DAITO MANABE

　　1976年出生于东京都。2000年进入东京理科大学理学部数学专业，毕业后就职于一家大型电机制造商，担任系统工程师。而后进入IT公司工作，并于2002年入学情报科学艺术大学院大学（IAMAS）。2006年创立设计师事务所Rhizomatiks，2008年创立"黑客空间"4nchor5La6。2010年开始担任Perfume（电音香水，日本的女生电音歌手三人组合）的演出协助商，执导的作品 *Perfume Global Site Project* 于2013年获得戛纳金狮国际创意节网络（Cyber）组银奖。2014年在美国苹果公司"Mac诞生30周年纪念页面"中被评为"影响了苹果公司的关键人物"，国际评价颇高。

©Kosuke Mae

真锅大度

您和 Perfume 产生交集的契机是？

川村　您是 Perfume 的演出协助商，而我在制作电影《桃花期》的时候，也曾邀请 Perfume 和男主角森山未来一起出演了其中的歌舞片段。再加上我又是 Perfume 的粉丝，从很久以前开始，我就擅自在您身上找到了一种共鸣感（笑）。

真锅　那个场面拍得真是非常不错（笑）。

川村　那部电影的导演大根仁还有我，都对 Perfume "实体性"的那一面产生了很大的兴趣。可您似乎是把她们看作画布，要在上面打造出一个个面向全世界的作品，因此您会把投影映射之类的技术使用在她们的身体上。我感觉我们是在两个完全相反的方向上做努力。您是通过怎样的契机，参与到了 Perfume 的舞台制作当中？

真锅　最开始我是因为 Perfume 的 MV 成为她们的粉丝。在看了她们的现场演出之后，我发现她们很早就开始尝试 "在影像前表演"了。当然，现在这种做法已经普及。于是我开始觉得"自己现在在做的东西跟 Perfume 绝对会合得来"，就开始去各处做宣讲、打通关系。

川村　原来是您"主动推销"的啊。

真锅　可我那时是个名不见经传的小角色，再加上我的想法也过于超前，所以完全没能取得什么进展。就这么过去了 3 年，到了她们要在东京巨蛋开演唱会的时候，Perfume 的编舞老师 MIKIKO 想要"做一些新的尝试"，于是就联系了我。从那之后，我开始参与到她们的网站、软件以及演唱会工作当中，帮助她们完成新形式的演出。

川村 对我这样把故事当作根基的文科生来说，Perfume 是"表达的载体"，可不止如此，对像您一样以科技或艺术为专业的理科生来说，Perfume 亦是这样一种存在。从这一点来看，这可真是一个不可多得的组合。

若想在编程行业脱颖而出，需要怎样做？

真锅 说到 Perfume，从很久以前开始粉丝当中就有这样一股潮流：让《偶像大师》(※ 偶像养成游戏) 里面的角色还有初音未来[①]跳她们的歌，再上传到 NICONICO 动画上。我个人非常喜欢这种二次创作的文化，一直在关注这类作品。

川村 您真的给人一种一直不眠不休地在观看视频、进行实验的印象（笑）。

真锅 我最多也就连熬三个晚上罢了（笑）。

川村 您可真厉害，我最近熬一晚都够呛（苦笑）。

---

① 日本 VOCALOID 虚拟歌手。——编者注

真锅 设计一个程序的过程中,"给出创意"可能需要花很多时间。可到了调试环节,真的就像一场考验耐力的运动。就是要看你能坚持多久不睡,好能尽早完成工作。此外,我是那种会花很多时间抠细节的人,有时也会觉得自己做事不够果断。

川村 设计程序的时候,您在哪个部分花的时间最多呢?

真锅 一个是"精度"。比如说,与影像联动的时候手应该放在什么位置?我们想要通过摄像机的拍摄效果将其确定下来,可如果场所和灯光环境不同,手看起来的效果也会不一样。所以我们需要不断调整、提高精度,这样呈现出的效果才会越来越好。

川村 原来如此。

真锅 另一个则是"表现"。这个部分因为不存在"正确答案",所以我会做无限次的尝试。比如说,一幅画面随着手部动作突然出现的时候,飞散的粒子该以怎样的速度、沿着怎样的轨道移动?这都有着无数种答案。特别是程序设计,哪怕我们做的时候以为"应该会呈现出这种感觉吧",实际效果却有可能大不相同,必须要反复经历"试错"的过程。把"想法"变成"现实",并不是像以笔作画那样"简单的输出",大概就是这样一种感觉吧。

川村 就是说您会不断地调整"表现"的感觉。

真锅 演唱会的时候,观众都已经进场了我还会再做调整。因为不存在什么"最好的"答案。

学生时代您都在做些什么？

川村 您是从什么时候开始，对"用程序表达想法"产生了兴趣呢？

真锅 应该是从小学那会儿开始玩游戏之后吧。对数学产生兴趣，以及想要通过编程来制作动态效果，契机都是游戏。

川村 您都玩过哪些游戏呢？

真锅 我小学一年级的时候住在美国，那时候经常玩的是"雅达利（ATARI）"家用游戏机。之后是父亲的"MSX"（※1983年由微软和日本ASCII公司共同推出的个人电脑），父亲还给我买了一台"PC-8801"（※1981年由日本NEC公司推出的个人电脑系列）。那时"BASIC"正流行，我就买来专门的杂志临摹程序语言，那能带给我一种自己似乎正在制作游戏的感觉。

川村 您父亲也是学数学的吗？

真锅 他可是个不折不扣的音乐家，曾经是一位职业贝斯手。而我母亲在雅马哈工作，我算是在音乐家庭里长大。

川村 您就没想过走音乐这条路吗？

真锅 我大学读的是数学系，这单纯是因为我只有数学学得还不错（笑）。可数学系的生活就是从早到晚与纸笔为伴、潜心解题。我适应不了这种节奏，中途开始就不怎么学习了。再加上我从高中就开始做DJ了，等到了大一，我开始辗转于六本木的俱乐部，每周大概会打 5 天工。不过这倒不是因为受到父母的影响，我当时只想着这么做会招女孩子喜欢。

川村 我周围很少能见到同时擅长数学和音乐的人。顺便想请问一下，您当初是怎么创立 Rhizomatiks 的？

真锅 熟悉数学又喜欢音乐的人，就会想要通过编程来创作音乐。可在我大学毕业的时候，工具和环境还都不完善，没法用数学公式创作出音符，再整合成好听的音乐。再加上我也没什么专业知识，几乎什么也做不了。所以毕业之后，我先是进了一家大型电机制造商做系统工程师。后来正值 IT 泡沫，有个大学时代的朋友，也是后来跟我一起创立了 Rhizomatiks 的人，邀请我去他当时就职的那家 IT 公司工作，于是我还没做满一年就把第一份工作辞掉了。

学生时代所做的实验成为一切的基础？

真锅 但是 IT 泡沫很快就破灭，于是第二份工作我也只做了半年就辞掉了。正当我不知该何去何从之际，得知有专门从事媒体艺术教学的学校，于是就去了那里。学校是位于岐阜县的"IAMAS（情报科学艺术大学院大学）"，等我真正入学之后，发现学生里既有高中毕业的 18 岁女生，也有从东京大学毕业、当过老师的 50 岁大叔。大家都在通过编程进行实验，将艺术、设计与科学相融合，自由地进行创作。

川村 也会给你们留音乐方面的作业吗？

真锅 是会有一些不可思议的作业，比如会让我们"利用互联网的网络结构来创作一段音乐"。顺便一提，虽然已经过去十多年了，我现在在做的大部分工作，还都是以当年积累的经验为基础。

川村 可以说那段学生时代，是带您走到今天的一个转机吧。

真锅 毕业之后我也一直在进行一个又一个的实验，渐渐地，开始凭借媒体艺术式的思维方式，接到一些布置商品陈列室和演唱会的工作。与此同时，将网络与现实相结合的广告项目也逐渐增多，于是我就和两位从事这方面工作的、大学时代的朋友一起，成立了 Rhizomatiks。

川村 编程终于变成了您的工作。

真锅 是的。不过，当时只有我完全养活不了自己。Rhizomatiks 成立之后 5 年里，我都处于无家可归的状态，每晚就睡在办公室里。再加上也没有什么工作，就一直在做一些让人摸不着头脑的实验。而另外两个人一直在坚持广告方面的工作，公司成立之后也总是鼓励我说："你就做有趣的尝试就好，它们自然能带来利益。"现在回想起来，他们真是给我提供了非常好的创作条件。

川村 之后，2008 年的时候，您在 YouTube 上传了一段很有冲击力的影像：通过电流刺激装置，用电信号控制了自己的面部表情（※Electrics Stimulus to Face）。您的这个重大突破，也给我留下了很深的印象。

真锅 那时，恰逢 YouTube 刚刚面世，于是我就把自己的实验视频上传到上面。至于您提到的那个视频,我也是某天忽然发现"不得了!播放量已经达到 100 万了",突如其来的关注度让我吓了一跳。因为大部分播放量都来自海外,于是 CNN 的采访很快找到了我,探索频道(Discovery Channel)也报道了此事。

川村 您可是 YouTuber 中的先驱了(笑)。

真锅 在那之前,我也就是在 Mixi 日记①上写些东西给朋友们看,最多也不过有 150 人的浏览量罢了(笑)。

您如何看待日本媒体艺术的现状?

川村 您最近都在上传一些什么样的内容呢?

真锅 主要是和人工智能相关的吧。比如说,用程序创造出一个机器人,让他学习迄今为止的嘻哈歌曲,从而实现押韵创作。我在进行的尝试之一就是:让机器人根据推特上的潮流热点,创作一段押韵的话。

川村 "人工智能说唱歌手"是吗?这可真是很有趣。

真锅 此外,我还在尝试把市场营销学当中所使用的大数据提取成数学符号,再将其做成音乐或是艺术品。

川村 这也算得上是与大数据的猛烈对抗了吧(笑)。比起艺术

---

① 日本社交网站。——译者注

家，您的所作所为更像是一个黑客呢。

真锅 说起黑客，以前塞尔维亚的黑客大会（Hacker Event）还喊我做过一场主题演讲。说到黑客，大家总有一种负面印象，可他们之所以攻击网络，也是为了证明"现今的网络安全还存在危险"，他们当中很多都是正义感很强的人。

川村 黑客原来是正义之师啊。

真锅 不只是黑客，许多设计师、研究员，还有谷歌、苹果、三星公司的人，以及世界级的艺术家们也都出席了。

川村 您曾在这种场合真真切切地感受过全世界，那么在您看来，日本的媒体艺术处于什么样的状况呢？

真锅 我总觉得日本在做的东西比较有趣。外国人创作的那些作品虽然也很厉害，但大多都在可预想的范围内。日本NICONICO动画平台里的那些作品，虽然也常常受到海外市场的关注，可在我看来还是非常独特的。无论是爱好者们的热衷程度，还是大家对细节的执着，都非比寻常。就连推特的使用方法，也只有日本有着自己独特的规则。

川村 把这些都看作艺术的话，会让我们感到充满希望吧。

真锅 我是这么认为的。比起朝着一个明确的目标努力，我认为自然而然的创作过程要更好。

与从前的游戏相比，现在的游戏缺少的是什么？

川村 通过和您交谈，我感到我们之间虽然存在一些理科与文科的差异，但思考的东西其实很相近。比如说刚刚也提到，您在制作游戏的时候会感到很快乐是吧。

真锅 是的。我真的很喜欢游戏，最近也在重新购入一些以前的游戏机。现在市面上，不怎么入流的游戏在逐渐增多，这让我感到有些介怀。我比较期待一些更单纯、好玩的游戏出现。

川村 我也希望能有更多像"黑白棋"和"俄罗斯方块"一样，虽然简单却普及率很高的游戏出现。

真锅 我记得"俄罗斯方块"正是由俄罗斯的科学家们制作出来的。

川村 "俄罗斯宇航员们也玩过这个游戏"，正因为有了这样的背景，玩游戏的时候我们会觉得自己好像也在做什么大事一样，这也是它的乐趣之一。我以为，即使是简单的游戏，或许也需要这样的故事性。《超级马里奥兄弟》也是如此，"拯救桃子公主"的这个任务设定实际上很重要。早期的游戏之所以做得好，就是因为"根植于数学的游戏系统"与"背景故事"契合得很好。

真锅 确实，如果能创作出更加丰富多彩的故事就好了。将理科和文科联合起来组成游戏制作团队，也是很有可行性的。我这个人不太擅长写故事，还希望有人能在这个环节帮帮我呢。

川村 下次，我们一起搞个"游戏合宿"吧。

真锅 这个提议不错。我们就连熬三夜，一起做个游戏出来吧（笑）。

川村 刚刚也说过了，我最多可只能熬一个晚上（笑）。

您正在关注增强现实技术（AR）？

川村 您现在所做的实验当中，有什么比较有趣的吗？

真锅 无人机似乎已经没有什么新鲜玩法了。一些说明书上没写的功能我们都发掘出来了，也自己安装过一些安全防护装置，都已经大量使用到了 Perfume 的舞台演出当中。可我感觉，很多人却在把"无人机"看作一无是处的东西。

川村 确实，无人机给人一种常被用于恐怖袭击等不正当用途的印象。

真锅 哪怕是人工智能领域的"深度学习"（※ 参照松尾丰采访第一部分内容），未来也可能被用作电话诈骗的手段。有心之人还可能利用它去分析你的脸谱网、提取出你讲话的语调和特征，从而给你发送垃圾邮件。给人们留下不好的印象只是时间的问题罢了。

川村 总会有利用它们做坏事的人出现。

真锅 还有就是，虽然现在深度学习的速度还很慢，可到了 5 年或 10 年之后，就可以实时完成很多事情了。拿与我相关的例子来说，到时演唱会上的 PA（※音响系统）和照明基本都能实现自动化了吧。

川村　那一定也会衍生出许多人们未曾预想到的问题吧。

真锅　霍金博士曾说过："人工智能所具备的危险性可能会导致人类灭亡。"我认为这并非毫无依据。虽然我们把"不同寻常的人工智能使用方法"当作艺术和娱乐，可等到任何人都能够使用它们的时候，用它们来做坏事不仅能赚到很多钱，也会变得更简单。

川村　您对赚钱没什么兴趣吗？

真锅　无人机领域我们算是已经摸透了，现在找到我们的基本上都是为了谈商业合作，所以我们现在正转战电动轮椅的开发。谷歌现在正在研发无人驾驶汽车，等到 2020 年东京奥运会的时候，从机场到比赛场馆的路上应该已经出现自动驾驶的汽车了吧。

川村　可说到底，您还是把现在做的事情看作实验，而非生意吧。

真锅　"我们想在演出当中使用无人机""我们想整个买下你们的服务"，对于这类商务邀请，我们当然也很感激。然而有个问题是，风险和难度都太高了，我们不好应承下来。即使接下了，我们的工作模式也必须做出改变。因此，要说理想，我果然还是希望能"一直尝试新的事情"。也是因为这个原因，我们团队基本上会把大部分收入又用于投资，只能勉强维持经营（苦笑）。

川村　您的团队当中，都是一些有什么技能的人？

真锅　所有人都给人一种黑客的感觉，有许多比我厉害得多的专家。当中有个人原本是在索尼做 AR（※增强现实，将人类能感觉到的真实环境通过电脑等进行增强的技术）技术开发，他现在的研究质量可比在公司的时候还要高。

川村　AR技术真是越来越有趣了。

真锅　最近，我公布了一个舞蹈演出新作《边界》(*border*)。观看这个演出时，观众们需要在舞台上方戴上"头戴式虚拟现实（VR）显示器"，坐在由电脑控制的电动椅子上。当舞者们开始表演之后，观众们所佩戴的显示屏当中就会出现一个逐渐扩大的舞台空间。观众们可以旋转椅子，配合与影像叠加的AR效果进行观看。

川村　其实，我偷偷去看了这场演出。

真锅　是吗？感觉怎么样？

川村　我感觉自己完全沉浸到了一个虚拟与现实相融合的世界，受到了很大的冲击。

真锅　那可真是太好了。我们正是出于"想要做些新的尝试、营造一个与众不同的舞台"的想法，才和MIKIKO老师的舞蹈团队"ELEVENPLAY"一起，打造了这次的实验性舞台。

您想让人工智能做些什么？

川村　顺便想问一下，"让人工智能写故事"还很难实现是吗？

真锅　它们很难写出一个完整的故事，所以这件事还是很有难度的。要想让它们在读莎士比亚的作品之后,把随手写出的故事改成莎士比亚的风格,还有很长的路要走。

川村 在看到出乎预料或是新颖的情节时,人类的大脑会受到感动。如果人工智能连这样的故事都能写出来,我们就只有认输了。

真锅 或许不久之后,人们就可以利用人工智能来制作电影了。

川村 或许真会如此。而且,您所打造出的世界不仅技术含量很高,还能让人感受到生理上的快乐,这也是电影当中最为重要的一点。如果说宫崎骏先生是通过手绘描绘出"波妞在海浪上奔跑"这般让任何人都感到快乐的场景,您则是在通过程序追求这种快感。因此,您用人工智能制作出的电影说不定会成为旷世杰作呢。

真锅 到底会怎样呢(笑)。刚刚我想到,再过些日子,接受采访的时候说不定也能让人工智能替我来回答了,您觉得如何?因为不管小学时候的事情被问到再多遍,我的回答也还是那些。

川村 这可糟了,我刚刚彻底把您小学时候的事情问了个遍……等我下次再来采访您的时候,要是被告知"今天将由人工智能代替我接受采访",那我可要大受打击了(笑)。

(2016 年 1 月于东京·涩谷·Rhizomatiks 本部)

复习

踏入这间位于公寓楼里的办公室,你会发现里面到处都是书和"谜一样的工具",一片混乱。"编程就像一场考验耐力的运动。就是要看你能坚持多久不睡,好能尽早完成工作。"真锅大度如是说。为了能用数学刻画出美好的事物,他执着地追求"精度"和"表现",直到最后关头。他的生活当中,连熬三个晚上被视作理所当然。

现在的 Rhizomatiks,既负责 Perfume 的影像演出,又参与到许多华丽广告的制作当中。作为团队的中心人物,在公司成立的头五年,他一直睡在办公室,夜以继日地进行实验。时至 2008 年,凭借一段"用电流控制自己面部表情"的冲击性影像,他人气暴涨,成为受全世界瞩目的"媒体艺术的宠儿"。

是程序员、艺术家,也是黑客。虽然一举成名,他的实验精神却从未改变。将无人机引入演唱会现场、在白色服装上投射影像进行设计、让电脑成为说唱歌手……如果说我是通过"故事"来讲述这个世界上的违和感和有趣之处,那么真锅大度则是通过"数学"。在他身上,既有面对社会时真正的艺术家应当具备的批判精神,又有少年般单纯的游世之心。

一年半之后,我造访了他的新办公地点。新址位于惠比寿地区,交通便利。看着眼前巨大的写字楼,我感到有些困惑。可进入其中,我发现这里依旧是"工厂"的样子,混乱的感觉留存了下来，没有任何变化。许久不见，他对我说："今后想把接受采访的工作交给人工智能去完成。"感受着他那未曾改变的实验精神，看着他那被"谜一样的工具"占据的办公室，我不禁开始期待，下次他又将引领一场怎样的"入侵"。

理科 005　真锅大度教会我们的事

编程这项工作,需要不断提高"精度"以呈现出最好的效果,还需要为不存在正确答案的"表现"进行无限次尝试。把"想法"变成"现实",并不是像以笔作画那样"简单的输出",需要反复经历"试错"的过程。

虽然毕业已经十多年,可我现在在做的大部分工作,还都是以当年在岐阜县"IAMAS"上学时积累的经验为基础。

我总觉得日本在做的东西比较有趣。比起朝着一个明确的目标努力,我认为自然而然的创作过程要更好。

虽然我们把"不同寻常的人工智能使用方法"当作艺术和娱乐,可等到任何人都能够使用它们的时候,用它们来做坏事不仅能赚到很多钱,还很简单。

要说理想,我果然还是希望能"一直尝试新的事情"。

理科 006

东京大学大学院副教授／人工智能专家

松 尾 丰

人工智能领域的领导者，
利用"深度学习"
在制造业、农业等
线下世界，
充分应用人工智能
向世界发起挑战。

东京大学大学院副教授 / 人工智能专家

松尾丰
YUTAKA MATSUO

1975年出生于香川县。1997年毕业于东京大学工学部电子信息工学专业。2002年东京大学研究生院博士课程结业,获博士学位(工学)。同年进入产业技术综合研究所任研究员,2005年于斯坦福大学任客座研究员,2007年起担任现今职务。自2014年起,主持"东京大学全球消费情报基金讲座"(※致力于数据科学家的培养和大数据分析。同时,与企业和经济产业省展开合作,通过产学研以及政府的共同努力致力于优秀市场总监的培养)。曾获人工智能学会论文奖(2002)、情报处理学会长尾真纪念特别奖(2007)、DOCOMO移动科技奖(Docomo Mobile Science Award,2013)。著有《人工智能狂潮:机器人会超越人类吗?》(角川EPUB丛书出版)等书。

©Yasuma Miura

松尾丰

何为"深度学习"?

川村 哪怕是文科生,也能感觉到人工智能最近几年的发展必将改变世界。首先我想请教您一个入门级问题:"人工智能"的定义到底是什么?打败了职业棋手的象棋程序、扫地机器人"伦巴"(Roomba)、iPhone 的语音助手 Siri……这些都是人工智能的产物吗?

松尾 是的,一般我们把这些都看作人工智能。可如果说到它的定义,有的人认为它要会说话,有的人认为它要具备很强的预测能力,有的人则认为它要能够控制自己的身体……研究者们之间也有着不同的解释。所以,比起断定一个东西是不是人工智能,我认为大家更应该关注"它的智能程度达到了什么级别"。特别是在当今的人工智能世界里,从技术层面来讲,大家最应当予以瞩目的是"深度学习"。

川村 我也听说过"深度学习"这个概念,据说它是一种无限接近人类的、自主学习型人工智能,能请您再详细地介绍一下吗?

松尾 它由多层次的"神经网络"构成,而"神经网络"的原型则是人的脑神经细胞。我们会给它布置一些判断类任务,比如:画面上出现的图案的是猫还是狗?是咖啡杯还是茶碗?最近几年,它的图像识别精准程度已经大大提高了。

川村 这有点类似脸谱网等平台上的人脸识别功能吧。

松尾 是的。比如说，人认出某个东西是"猫"的时候，实际上是提取出了该物体的特征，在此基础上做出的判断。这对曾经的电脑来说是很难完成的任务。可有了深度学习之后，电脑就可以自动捕获画面和影像当中的事物特征了。通过多层处理，神经网络当中的"低层"可以提取出点、线之类的简单特征，而"高层"则可以将"低层"特征组合起来，识别出圆形、四方形等形状，更高层级的神经网络则可以提取出更为复杂的特征。

川村 就是说它可以通过多层处理来进行识别，从而判断出眼前的东西究竟是什么吧。这真是非常接近人的大脑活动了。随着深度学习的兴起，人工智能越来越接近人类了，您应该也有这种感觉吧？

松尾 2015年2月，人类曾迎来一个历史性的瞬间。在那之前，从没有研究人员预料到"电脑的图片识别率能赶得上人类"，可不知不觉间其精准程度就超过了人。通过深度学习，微软的识别错误率仅为4.9%，谷歌则达到了4.8%，而人的错误率是5.1%，被它们甩在了后面。

川村 人的大脑输给了人工智能啊……

松尾 是的。从2013年左右开始，各国的投资战争愈演愈烈。这次取得成果的谷歌和脸谱网，还有中国的百度等公司，都在这一领域投入了数百至一千亿日元[1]。美国和欧洲政府每年也会都会投入三四百亿日元。人类会在错误率上败下阵来，也有这些巨额投

---

[1] 一亿日元约合六百万人民币。——译者注

松尾丰

资的功劳吧。

深度学习将超越人类？

松尾 当人工智能的图片识别能力通过深度学习达到了一定的高度之后，接下来就将朝着"提高运动能力"和"语言技术应用"的方向发展了。谷歌曾花四百亿日元买下了 DeepMind 这家公司。这是一家从事人工智能开发的科技公司，他们就曾将"深度学习"和"强化学习"结合起来，制作出能玩《打砖块》等游戏的程序。所谓强化学习，指的是把得分设定为目标，引导程序学习得分的方法。最终，程序在学习的过程中掌握了这个游戏的诀窍，成功实现了"自主打出高分"的目标。

川村 这不是几乎和"小孩子自发地注意到某件事并开始学习"的过程完全一样了吗？

松尾 迄今为止，人工智能已经通过强化学习这种方式得到了很大的发展。只是关于"敌人和球在什么位置"，从前还必须得由人写进程序里告诉它们。关于这一点，在 DeepMind 开发的游戏里，只要放入一张图片，它就已经可以自动提取特征参数，识别出哪些是重要部分，之后则会自主对情况展开分析从而得分。

川村 这可真厉害，完全与动物的大脑无异了。

松尾 这意味着"深度学习"已经超越了"精准识别图像"，进入了第二个阶段——"提高运动能力"。猴子为了拿到挂在天花板上的香蕉，会搬来椅子爬到高处。而深度学习虽然现在还无法完成这类事情，可在反射神经这方面，它已经发展得和小狗、小猫这些动物差不多，它不仅学会了如何跑，还在逐渐越跑越稳。

川村 这简直是在重现人类的进化过程，就像科幻电影一样。

松尾 2015 年 5 月，加州大学伯克利分校采用同样的技术，尝试让一个机器人把放在一只手中的零件插入另一只手上的小孔之中。最初，该实验进行得并不顺利。可在不断试错的过程中机器人逐渐掌握了方法，到了最后，每次都能精准地插进去了。

人类会制造出"人类"吗？

松尾 除此之外，日本还有一家叫作 Preferred Infrastructure 的公司。他们制作出赛车跑道，像举行真正的比赛一样准备了好几辆车，让每辆车里搭载的人工智能学习如何驾驶。虽然车里油门和刹车一应俱全，却并不教给它们驾驶方法，只是下达"前进"这个命令。

川村 结果怎么样？

松尾 刚开始的时候，人工智能们完全不知道该怎么开车，每辆车都颤颤巍巍的，根本开不出去。可在反复试错之后，它们最终掌握了诀窍，学会了如何操作油门和刹车，所有的车都稳稳地在赛道上行驶起来。

川村 这样下去，人类会不会总有一天也制造出"人类"呢？

松尾 关于这一点，我认为生命与人工智能毕竟是不一样的。"深度学习"目前还没走到第三个阶段，也就是在语言技术方面的应用。

川村 在语言方面，"深度学习"现在发展到了什么水平？

松尾 在翻译这一块，虽然语言统计技术在不断进步，但要想让人工智能理解语言当中的真正意义，技术还有很长的路要走。

人工智能会代替人们承担哪些工作？

川村 在您看来，今后我们的未来会朝着怎样的方向发展变化呢？

松尾 我认为人工智能的应用大致可以分为两类。一类是"大数据人工智能潮流"。现在，销售和市场营销的相关数据都能够被收集起来了。为了处理它们，人们制造了一批人工智能，可实际上真正在背后运作这些的还是人们自己。再加上谷歌、脸谱网、亚马逊等企业占据着统治性地位，日本企业要想在这一领域翻盘有些困难。

川村 也就是与电商网站里出现的"推荐商品"有些类似吧。

松尾 是的。另一类就是我之前一直在跟您讲的："先通过深度学习让人工智能掌握图像识别能力，再发展其运动能力，最后联系到语言处理上。"无须人们在背后运作，人工智能就能自主运行。我感觉这与日本企业所擅长的制造业相辅相成。比如说，建筑工地里的各种操作、所有农业活动、餐饮业里的简单烹调和接客工作、工厂里的食品加工、超市和服装店里的理货和补货、汽车生产线上的监督工作、保安、护理……这些都是需要在做出判断的基础上动用身体去完成的工作。在采用了深度学习技术之后，它们当中的很大一部分都可以用机器来替代。不久之后，我们就会迎来用建筑机器人盖大楼的时代了。

川村 西方人在拍与人工智能机器人相关的电影时，总是拍成《2001：太空漫游》或《终结者》，把机器人当作人类的敌人，把它们描绘成具有攻击性的东西。可对日本人来说，机器人则是《铁臂阿童木》和《哆啦A梦》，大家都觉得"机器人是人类的朋友和家人"。这也是我们的优势所在吧。

松尾 确实，在日本"人工智能和机器人"与"人类"之间被看作是一种共生关系。而且日本从1956年左右就开始研究人工智能了，称得上是研究者的宝库。现在我们已经迎来了第三次人工智能热潮，可我们仍需要让上一辈的人了解第一次和第二次热潮，这一点非常重要。日本这个国家有这样一种特点：如果一样技术不被上一辈人所接受，那么它就不可能得到普及。

松尾丰

在未来的人工智能应用领域当中,日本人占据了优势?

松尾 还有就是,日本对人工智能的需求非常大,这也有利于人工智能的发展。现在日本正面临着少子老龄化问题,劳动人口在逐渐减少,必须得采取行动,维持社会的劳动生产。而在以往的网络世界当中,如何把握社会需求是取胜的关键,因此直觉敏锐的人比较有优势。

川村 所以美国的那些IT企业才占据了优势啊。

松尾 是的。但人工智能今后的发展主题变成了"提升技术"。未来,人们的素养将会发挥重要作用,比如说制造业技术人员所拥有的理科知识,以及踏实调整参数的认真态度。日本之所以没能孕育出脸谱网和谷歌,也与我们使用的语言是"日语"有关,而现在的人工智能全都是通过算法嵌入产品当中,我们在语言方面的劣势也就不大了。

川村 在线上世界,我们或许很难战胜脸谱网、谷歌等公司;可在线下世界当中,日本一直在踏踏实实地发展电视、汽车等制造业。如果在这些领域灵活运用起人工智能技术,我们或许能够重新崛起。

松尾 是的,我认为在展开人工智能研究开发的过程中,必须重视日本在制造业方面的优势,以此为核心进行发展。

川村 日本是否可以借助人工智能的力量,再次跻身世界前列呢?

松尾 深度学习领域的优秀研究者，大多也都在脸谱网或谷歌公司就职。可我在学会上与他们交流时，他们却说过这样的话："我们知道接下来将是机器人的时代，可是我们做不出。"也就是说，他们虽然很擅长编程，却不善于制造。而且，只要他们身处脸谱网公司，就永远没有机会接触到建筑业和农业的世界。

川村 您如何看待人与人工智能之间的关系呢？

松尾 一个是有欲望去保存种族、繁衍后代的"生命"，一个是按照既定命令去实施标准行动的"人工智能"，我认为不能将二者混为一谈。我们虽然能制造出"人工智能"，要想制作出"生命"还是很困难的。

川村 大家常说：人工智能会忠实地执行任务，所以有可能会被坏人利用，甚至可能被当作战争的工具。我感觉讨论人工智能的未来，其实就是在讨论人的伦理观和善恶。

松尾 我也这么想。所以我们才更需要思考：在人工智能与人类并存的局面下，应当如何构建一个新的未来社会？当其他国家想要将人工智能运用到军事行动当中时，日本该怎样阻止？我认为最重要的是：人要做出合理的预想和正确的判断。

川村 这就需要人们写出"故事"吧。

松尾 在我看来，人工智能会承担起社会上的各种实务性工作，而人们则可以利用由此节省下来的时间，去考虑社会该怎样运行，进行更为深入的思考。不过我也一直觉得，我们确实需要真正有才华的人，用心写出好的故事。这个世界到底蕴藏着怎样的可能性？我也很想看看到底会有多少不同的答案。

川村　世界和未来到底该怎样发展，最后还是要由人类来决定啊。

松尾　我感觉从现在开始，真的到了要考验"人的品位和能力"的时代了。毕竟已经有研究人员预测说："到了2045年，人工智能就将超越人类了。"

人类的哪些智慧是人工智能所不具备的？

川村　不过问题是：人工智能会在哪些方面超越人类？在识别能力、运动能力等方面被人工智能赶超也就算了，在辨别什么是美、引人发笑、引人共鸣等方面，难道人也会输给人工智能吗？

松尾　在"引人发笑"这件事上，我认为人工智能有挺大的潜力。特别是"抖包袱"这种形式，深度学习在不断进行自主试错的基础上，成功的概率应该会逐渐提高。

川村　要是"机器人谐星"问世，那可太厉害了（笑）。

松尾　我觉得很有可能会出现（笑）。可要想让人工智能模拟出感情，在我看来是件很难的事。毕竟人之所以能感受到"艺术美"，是依据那些在进化的过程中被刻入我们大脑的参数。

川村　我在写小说的时候会要求自己：要尽量让出场人物的人生朝着我自己都难以预料的方向发展，并努力刻画好这些瞬间。我认为预料当中的事情是无法打动人心的，只有当自己猜错了的时候，人们才会惊讶、大笑或是感动。

松尾 如果想让人工智能做到这些事情，就必须让它们准确地模拟出"人在什么情况下会感动"。这需要让它们观察人类，去理解"这个人现在在哭""这个人现在在笑"，再命令它们写出一个"能让人哭"的故事。可那些东西到底能不能让人落泪，说实话我并不清楚。

川村 它们或许写得出，但那些故事应该不会火吧（笑）。毕竟很多"人"在创作的时候也犯过这样的错误，他们心里想着："这么写可以赚人眼泪，肯定会火。"结果却往往事与愿违。火起来的那些作品，有的反而让人想不通当中缘由。可如果要求人工智能做到这种程度……

松尾 没什么必要是吧。

川村 我是这样觉得。也就是说，在思考"人工智能的应用范围"之前，我们首先应当弄清楚"人到底有哪些智慧"。这其实是一门无限接近于"了解人类自己"的学问。

人们将不必再学习英语和编程？

松尾 就"人工智能适合应用在哪些工作领域"这个问题展开思考之后，我认为需要面对面的工作还是交给人来做比较好。营业、咨询、殡仪、按摩……这类工作应该不会被人工智能取代吧。无论人工智能技术发展到什么地步，人最终都需要和人进行接触，否则生活将无法继续。

川村 我感觉按摩椅一直没能大获成功，其原因也在于我们在生理上更希望由"人"来提供这项服务。反过来说，只要不是会让我们产生生理抵触的事情，大家应该都可以接受由人工智能来完成。

松尾 我认为随着人工智能与人类共生的社会不断发展，人将会逐渐倾向于承担"更能体现出人类特质"的工作，社会或许也会向着更具多样性的高级方向发展。所以我想同大家讲："不必再苦学英语和编程了，快去提升一下自己作为'人'的能力吧。"

川村 人们是不是要从线上世界当中抽身，重新重视起线下世界当中"人与人之间的接触"了？

松尾 我认为是这样。另外，我认为"在国外生活"与"在人工智能社会里生活"，对日本人来讲存在相似之处。日本社会里的常识到了国外将不再成立，与之类似，我们一直以来当作理所当然的社会常识，进入人工智能社会之后也会被重塑。因此，我们要理解不同、尊重不同。这将会成为日本活跃于世界舞台、适应人工智能社会的重要武器。

川村 我有一个请求：希望您能继续发展深度学习技术，尽快完善其翻译的能力。谷歌翻译软件的水平，实在是看不到长进（苦笑）。

松尾 翻译需要先由听到的语言生成印象，再将生成的印象转化为语言。一旦其中有一个环节出现疏漏，哪怕是对着原文，也没法展开想象，最后只会变成"直译"而非"翻译"。发展这项技术，或许还要再花上十年左右的时间吧……

川村 还要这么久啊，可让人有点等不及了（苦笑）。我认为日本没能早早进军世界市场，很大一部分原因也是由于我们在语言上存在劣势。程序员们或许都只想将最完美的作品推向市场，可我觉得，起步时的水平只需要比谷歌翻译再稍微高一点就可以了。我们可以将其看作一个由用户们共同养育的"翻译婴儿"，您觉得这个想法如何？哪怕是苹果手机，它的功能和设计也是一点一点地提高起来的。而我们这些用户则一直在见证、参与它的成长，这才促成了它今日的成就。您就做一个翻译软件吧，在软件不断升级的过程中，一定能培养起忠实用户。总之我是很期待能用上这个软件的（笑）。

在深入探究人工智能的过程中，您看到了"人的动物性"？

川村 您是因为什么对人工智能产生了兴趣？

松尾 只不过是因为我对人的兴趣罢了。最初的出发点，是因为我想要搞清楚人为什么在以现在这种模式去认识世界。

川村 那您把终点设置在了哪里呢？

松尾 我围绕人的智慧进行了思考，得出的结论是：如果抛开智慧不谈，人其实就是一种动物。这么一来，我们就可以把"给自己谋利"看作人的动物本能。可即便是动物，人也是动物当中社会性很强的那一派——如果能给周围的人带去快乐，自己也会开心起来。

川村 人的确是一种希望得到称赞、获得共鸣的动物。

松尾 所以，要说我的最终目标，我给出的标准答案应该是："作为一个日本人，我想要为日本做出贡献。"如果日本经济能够通过人工智能技术的应用得以重振，那么或许一亿日本民众的生活就能变得更幸福一些。为了能够实现这一目标，接下来一到两年的时间里，我希望通过自己的努力，引起民众对人工智能的重视，动员政府和更多的企业参与其中。

川村 在2020年举办东京奥运会的时候，要是日本能把人工智能用作一种宣传手段就好了。

松尾 我有一个还不成熟的想法：现在人工智能的运动能力已经超过了人类，不如就举办些机器人之间的比赛怎么样（笑）？

川村 在开幕式上首先让日本引以为傲的人工智能展开竞赛，或是让"人工智能国"举着它们的国旗参加入场式，说不定挺有意思的！

（2015年9月于东京·本乡·东京大学·松尾丰研究室）

复习

在位于东京大学内部的研究室里,松尾丰每天都在与日益成长的"未知智能"打交道。"深度学习",这项技术让人工智能的发展水平取得了突破性的进展。它提取出事物的抽象特征进行识别,对其进行整合,展开自主学习。这意味着一种与"人类智慧"的结构完全相同的学习机制诞生了。这是一个很有可能会改变未来的领域,作为当中的"日本代表",他正与世界战斗。

"在人工智能领域未来的发展当中,日本人所拥有的素养将会发挥重要作用,比如说制造业技术人员所拥有的理科知识,以及踏实调整参数的认真态度。"

当今,谷歌和脸谱网投入巨额经费,剑指人工智能的线上应用;而作为日本的代表,他则意欲在建筑业、农业等线下制造领域取得突破。

据预测:等到2045年,人工智能的智慧就将超越人类。他开始预想人们的生活到时会发生怎样的变化。当然,那并不是一个不存在隐患的未来。

"在人工智能与人类并存的局面下,应当如何构建一个新的未来社会?当其他国家想要将人工智能运用到军事行动当中时,日本该怎样阻止?我认为最重要的是,人要做出合理的预想和正确的判断。"

人工智能到底会不会成为日本最终王牌?松尾丰到底会赋予人工智能怎样的"目标",演出一场逆袭的剧本?我拭目以待。

理科 006　松尾丰教会我们的事

在当今的人工智能世界里,从技术层面来讲,大家最应当予以瞩目的是"深度学习"。

2015年2月,电脑的图片识别精准程度终于超越了人类。

"人工智能"与日本企业所擅长的制造业相辅相成。所有需要在做出判断的基础上动用身体去完成的工作,在采用了深度学习技术之后,很大一部分都可以用机器来替代。不久之后,我们就会迎来用建筑机器人盖大楼的时代了。

一个是有欲望去保存种族、繁衍后代的"生命",一个是按照既定命令去实施标准行动的"人工智能",我认为不能将二者混为一谈。所以我们才必须思考,在人工智能与人类并存的局面下,应当如何构建一个新的未来社会?我认为最重要的是:人要做出合理的预想和正确的判断。

我认为随着人工智能与人类共生的社会不断发展,人将会逐渐倾向于承担"更能体现出人类特质"的工作,社会或许也会向着更具多样性的高级方向发展。我们要理解不同、尊重不同。这将会成为日本活跃于世界舞台、适应人工智能社会的重要武器。

理科 007

悠绿那（Euglena）公司董事长

出 云 充

"我想拯救全球营养不良的人们！"
由此，他开始了对裸藻的研究，
并实现了全球首次裸藻的室外大量培养。
他是日本传统发酵食品文化领域的一线人物，
亦在将目光投向未来燃料的开发。

悠绿那（Euglena）公司董事长

出云充
MITSURU IZUMO

  1980 年出生于广岛县。于东京大学文科三类专业就读期间，作为实习生到访孟加拉国，见到了为营养不良所困的人们。因此，回国之后转而就读农学专业。与同专业同学铃木健吾（现任职 Euglena 董事，负责研发工作）一起，开始研究裸藻这种具备丰富营养价值的生物。2000 年大学毕业之后，进入当时的东京三菱银行工作一年，2005 年成立了 Euglena 公司。同年成功实现了裸藻的全球首次室外大量培养。2012 年于东京证券交易所 MOTHERS 市场上市，2014 年于东京证券交易所一部上市。同年获 Japan Venture Awards "日本经济产业大臣奖"，被世界经济论坛（达沃斯会议）评选为 "世界青年领袖"。公司名称 "Euglena" 取自裸藻的学名。

©Yoshiharu Ota

您能跟我讲讲裸藻的厉害之处吗？

川村　首先我想请问您，您最初为什么会选择研究裸藻？

出云　大学一年级的时候，我有着这样一个目标："将来我要到联合国工作，帮助那些苦于饥饿的人们。"于是那年暑假，我去了孟加拉国这个"世界上最贫穷的国家"。在那之前，我一直觉得发展中国家的人们都还在饿肚子，可实际上那里没有一个人是这样，大家每日三餐都有咖喱饭吃。仓库里也满满都是粮食，几乎都要溢出来。我在行李箱里装了许多能量棒带过去，可他们却告诉我："我们不需要这些！"

川村　看来他们的粮食完全够吃。

出云　可到了我们一起踢足球、做运动的时候，那些小孩子们都很快就筋疲力尽，蹲在那里连动一动的力气都没有。这主要是因为他们除了米饭几乎吃不到别的，所以肌肉没有力量。

川村　也就是说他们几乎没能摄入多少维生素和蛋白质是吗？

出云　是的。于是我想起了漫画《七龙珠》当中出现的一种虚构食物——"仙豆"。只要吃下一粒仙豆，就好几天都不会再觉得饿。我想："要是我能发明出像仙豆一样的食物就好了。"后来我回到了学校，开始查找有什么物质能帮助人们高效摄入营养，就在那个时候，我遇到了裸藻。

川村　裸藻当中潜藏着怎样的研究价值？

出云 同时具有动物性和植物性两种营养素的，地球上就只有裸藻这一种生物。它能通过体内的叶绿体进行光合作用，合成维生素等植物性营养素，同时它还含有蛋白质等动物性营养素，能够自主游动。

川村 有点像《哆啦A梦》里面出现的树人"树宝宝"吧。

出云 是的（笑）。而且裸藻从五亿年前就开始在地球上繁衍了，到现在都还没有灭绝，简直就是个奇迹。普通情况下，植物会朝着光合作用的方向进化，而动物则会不断发展自己的运动能力，根本不存在二者兼得的可能性。一种生物如果不朝着某个方向进化的话，本该不可能存活下来，可裸藻没有向着任何一个方向进化，竟也活下来了。做到这一点的，再没有其他生物了。

川村 恐龙虽然也曾称霸地球，却在冰河期到来不久之后就灭绝了。人类也不过存活了几十万年。这么看来，裸藻真是超乎想象般顽强。

你打破不可能，实现裸藻"大量培养"的成功秘诀是？

出云 诚如您所言，裸藻是世界上最为顽强的物种。因此，早在二十世纪八十年代之后，就有人在论文当中称："裸藻将拯救世界"，相关研究也随之展开。然而让人遗憾的是，之后的几十年里都没能实现裸藻的大量培养。

川村 而您成为世界上首位实现裸藻大量培养的人。您是怎样取得了突破？

出云 其实我最开始念的不是理科而是文科，虽然在发现裸藻这种生物之后转去了农学部，可到了毕业的时候，我事实上还是只摸到裸藻的皮毛，完全不知道该怎么开始研究。于是我没有继续升学，而是先进入银行工作了一段时间。我一边当着银行职员，一边抽时间研究裸藻的培养，每到周末，则会去走访全日本做裸藻研究的老师们。

川村 原来您最初是一边在做银行职员一边搞研究啊。

出云 可是某天有人对我说了这么一句话："你只利用本职工作之外的时间时不时地学习一些知识，就想做出那些一直在努力的研究人员也没能搞出的成果，这根本不可能。什么好事都想占尽，你这种想法也太自私了吧。"于是，我下定决心辞去了工作，将自己的全部精力倾注到裸藻的研究当中。我的生活因此失去了着落，可在那之后，全日本研究裸藻的老师们都似乎有些自责。他们觉得："因为我们的冷漠，害这个孩子辞去了银行的工作，他要是因此饿死了，以后可睡觉都睡不踏实了。"于是他们也不再在乎什么学问派系之分，把我看作家人一样，把所有知识倾囊相授了。

川村 您辞去银行工作这件事给大家带来了巨大的冲击，从此以后您得到了整合整个日本的相关学术信息的机会。您的研究也是因此取得了进展吧？

出云 在走访了许多位老师之后我突然意识到：大学里的理科研究者们无论是在论文中还是学会上，都只能分享成功做出了结果的例子。大家的心里并没有想要"提升整体研究效率"的概念，于是从来不会分享自己的失败经验，不会告诉别人："这个方面是裸藻研究中的难点。"因此，大家总会重复犯相似的错误。

川村　您站到了俯瞰全局的高度上，所以才发现了这个问题。

出云　在那之前，大家进行大量培养时采取的都是"蚊帐式培养法"，想要把裸藻的天敌隔绝在培养环境之外。而裸藻的营养价值很高，总是会被细菌吞噬。所以，研究者们在一次实验失败之后，就会再覆盖第二层、第三层"蚊帐"……可我转变了思路，开始思考："'蚊香培养法'是否可行？"这是我取得的第一个突破。

川村　您是突然灵光乍现了吗？

出云　我是在泡澡的时候想到的（笑）。当时我没多少钱，去拜访地方大学的老师们时，总会选择比较便宜的夜间大巴。可夜间大巴抵达的时候还是大清早，在老师们上班之前，我必须得找个地方消磨时间。于是我就会去泡澡。而每当这个时候，我必然会冒出一些新想法。因此我不久之后买了一部防水的小手机，泡澡的时候一旦想到什么点子，就自己给自己发消息记录下来。水这样的物质能给人的神经细胞带去物理刺激，从而让平时大脑当中不工作的部分活跃起来。

您真的曾经向 500 家公司推销过裸藻吗？

川村 您所取得的第二个突破又是什么呢？

出云 刚刚也说到，裸藻已经存在了五亿年，而当时地球上还没有氧气存在，二氧化碳的浓度则约为现在的 250 倍之高。裸藻就是在这样的环境中生存了下来。可是现在的植物们，基因里并没有五亿年前的记忆。因此，如果把它们放在二氧化碳浓度如此之高的环境里，它们立刻就会枯死。

川村 我明白了！只要投入大量的二氧化碳，就能够消灭细菌这个"裸藻天敌"了。

出云 正是如此。在那种环境下，动物们瞬间就会死亡，人也撑不过 10 秒就会窒息而亡。

川村 取得这两个突破之后，您在什么样的环境当中实现了第一次大量培养？

出云 当时我在石垣岛租了一个巨大的游泳池，在那里第一次成功实现了大量培养。那时应该是 2005 年。只不过，虽然好不容易取得了世界上的第一次成功，可我们花了整整两年才找到愿意支持我们的企业，也就是伊藤忠商事。我去了大概 500 家企业进行推销，全都被拒绝了。

川村 他们拒绝的理由是什么？

出云 因为没有其他企业做过这个尝试。他们都说："如果有其他企业加入的话，我们就也做。"第一家"企业很难确定下来，所以最初很不顺利。那时候我每个月的收入只有 10 万日元（约合人民币 6000 元）（苦笑）。

川村 大家都害怕做第一个吃螃蟹的人吧。或许这正是文科与理科之间的壁垒。决定要不要出资的那些人肯定都是文科生，即使您跟他们说裸藻可以拯救世界，大家一时半会也很难理解。

您被国外的商业间谍盯上了？

川村 可二氧化碳这个"蚊香"到底要怎么放入泳池，又该放在什么位置？还有，最为关键的培养液的成分又是什么？

出云 再讲下去可就危险了，这些都是企业机密（苦笑）。

川村 话虽这么讲，国外的公司应该也执着不休地派了不少人来侦查吧？

出云 有段时间大家都很想得到这项"日本制造"的技术，有许多间谍伪装身份来接近我。

川村 这当中应该也有些乐趣吧。周围会出现商业间谍的日本人应该也不多（笑）。

出云 美国这个国家，要是比别人落后一点，就经常会派间谍来窃取技术，或者是修改相关法律，又或者大量出资来收购技术。为了让研究人员和像我这样的人变成美国人身份，好能宣称"这是我们美国做出的技术",他们的出价能达到日本的 100 倍左右之高。

川村 他们会整个买下,让一项技术变成美国的成果。

出云 现在大家一直在说日本在机器人、人工智能、基因等研究领域落后于美国,这也是因为我们的研究经费与美国相差悬殊。不过在裸藻的研究方面,我们至少已经领先了他们两圈,所以他们这才不得不放弃了。

川村 我们是怎么拉开了这么大的差距?

出云 外国人的手比较大,所以做不好。

川村 这还与手的大小有关?

出云 听起来或许像是在开玩笑,可使用显微操作器对裸藻进行操作是一项精细作业,世界上只有日本人才能做得到。

川村 手指不够灵活的话就做不好啊。

出云 还有一点是因为,英语当中没有"乳酸菌正在肠道里努力工作"这种说法。对欧美人来说菌是脏东西,大多都是不好的。所以,欧美那边杀菌抗生素的研究发展得很快。可是在日本,我们有"菌文化",不止有乳酸菌还有纳豆菌,我们也一直认为日本酒、味噌等发酵食品有益健康。从这层意义上讲,也只有日本人才能培养出裸藻。

川村 也就是说裸藻其实与"养乐多"很像,我听说过养乐多也是其他国家的人造不出来的。

出云 是的。养乐多和味之素这两家企业,在我们生物行业可是神一样的存在。养乐多把能减少肠道有害菌的"乳杆菌"推向了世界，而味之素则让味美成分"谷氨酸钠"扬名。接下来就该是裸藻的时代了。

裸藻不存在对手？

川村 裸藻没有竞争对手吗？

出云 没有。

川村 您可真有信心（笑）。不过国外应该也有人想要复制您的成功经验，进行裸藻的大量培养吧。

出云 我有时也会去探查一下情况，不过跟他们接触的时候基本都会这么说："你们也不用再从零起步、浪费时间了，我们已经领先你们两圈了，有什么问题的话问我不就好了。"

川村 您并不是直接向对手开炮，而是通过"邀请他们一起做"的方式，钳住对方，让他们无法出手啊。

出云 是的。

川村 裸藻之外的生物燃料也不会成为它的对手吗？

出云 现在也有人用玉米或甘蔗生产大量的汽油，可现在全球的耕地和粮食本就不够多，再把好不容易种出来的玉米丢到机器里而不给人吃，其实是一种反人道的行为。所以裸藻的地位无可撼动。

川村 毕竟不需要耕地就可以培养出裸藻啊。

出云 只要有光照，无论是在沙漠、海上，甚至是被放射性物质污染、已经不能再用于耕种的土地，只要装个游泳池，就能进行裸藻的培养。裸藻跟玉米相比，可以称得上是划时代的生物燃料。除此之外，还有核能、太阳能、风能等能源，可它们生产出的是电力，而人毕竟不能靠"电"来填饱肚子，所以它们和裸藻也不存在竞争关系。

用裸藻让飞机飞上天？

川村 "想要帮助那些苦于饥饿的人"，现在您的这个初心实现了吗？

出云 我真的是把初心坚持了下来。现在全世界一共有190个国家在使用裸藻技术，我希望能帮助全世界消灭100万的贫困人口，希望本世纪之内全球能通过裸藻解决营养失衡的问题。在那之后，要是能有人接过我的接力棒，继续去完成我没能做到的事情，开拓新的天地就好了。

川村 这个想法可真是太棒了，您的话让我感到心里很踏实。

出云 在那之后，我想通过自己的研究成果让社会意识到：原来小小一个裸藻竟有这么多的用途。

川村 最近我在便利店和超市等许多地方，也看到过以裸藻的学名"Euglena"冠名的营养品，当中包括果汁和食盐。

出云 除了食品,我们和化妆品公司开展的共同研究也取得了一定成果,并在此基础上开发出了一些美容产品。做这件事的契机是因为我们发现:纤维细胞水分流失是人们产生皱纹的原因,而裸藻水解之后会生成一种名为"Rejuna"的精华,用它来处理一下,纤维细胞可以再次膨胀起来、变得水嫩嫩的。除此之外,我们最近还在裸藻当中发现了能有效治疗胃溃疡的成分。

川村 裸藻真是蕴含着无限的可能性。我想请问一下,现在Euglena的商品销售额大概有多高?

出云 2016年预计会达到110亿日元(约合6.6亿人民币)。我认为从这一点就能看出,全世界的人们现在有多么重视"健康"与"环境"这两个主题。

川村 您的下一手棋预备落在哪个领域?

出云 我们正在尝试用裸藻制作生物航空燃料,以此让喷气式飞机飞上天空。

川村 用裸藻让飞机飞上天?

出云 我们一定能做到。裸藻没有细胞壁,所以其中的脂质很容易提取出来,这是它的一个优势。我们会在2018年实现"裸藻航班"的首飞,您到时候也一定要来坐一坐啊。

川村 要是知道飞机用的是裸藻燃料,我可不太敢坐啊(笑)。我可以理解常用生活物品的进步,比如说固定电话发展成了移动电话,可飞机这类搞不清其中原理的东西,一旦发生什么革新则会让我感到恐惧。面对理科,我终归是有种自卑感。

裸藻将使战争不复存在？

出云 在湘南台站和五十铃（ISUZU）汽车公司的藤泽工厂之间，已经有以裸藻为燃料的通勤巴士在运行了，每天会发出20个班次。

川村 您已经开始在用巴士进行试运行了啊。

出云 2020年举办东京奥运会，到时应该会有许多海外游客来到日本。我希望大家能够乘坐我们与全日空（ANA）航空公司共同开发的"裸藻航班"降落到羽田机场，再乘坐"裸藻大巴"去往酒店，最后还要在比赛场馆里品尝一下我们的"裸藻饮料"。为了实现这个目标，我们已经决定投资30亿日元（约合1.8亿人民币），与全日空和五十铃汽车等公司一起在横滨市建造一个工厂，推动裸藻燃料的实际应用。

川村 对从事科技研究的人们来说，"环境友好型的可持续燃料"应该是一个永远的梦吧。

出云 是的。回顾二十世纪，说到底都是在围绕原油展开战争。

川村 裸藻燃料不会引起战争吗？

出云 如果大家还要因为裸藻再起纷争，那只能说人类一点都没有从历史中吸取教训了。

川村 我有一个很简单的问题，目前飞机所使用的还是石油，其价格与裸藻燃料的成本大概相差多少？

出云 裸藻还是要比石油贵上好几倍的。

川村 随着技术的发展,二者间的价格差距会逐渐缩小吗?

出云 这是自然。不过我认为,最初可能还是需要把"节能航班"当作宣传点。这么一来,即使机票价格比普通飞机高一些,应该也有人愿意支持我们。

川村 其成本不可能控制在石油之下吗?

出云 我们得考虑到石油的生产方式:石油是破坏自然挖掘出的能源,而裸藻燃料则是通过有机生产的方式诞生。因此,我认为裸藻燃料的价格无论如何都会高于石油。不过等到石油挖尽了的那一天,人们就只能从海底油田等地方挖掘石油,而这类地方作业难度很高。到那个时候,石油的价格总有一天会上涨,二者之间的价格差也将不复存在。

裸藻和女人,哪个更容易相处?

出云 除此之外,裸藻也能用于太空农业。运一升牛奶上太空,需要花费 100 万日元(约合 6 万人民币)。我们没法把大量的食物带上太空,可只要有个泳池就能培养出裸藻,它们营养丰富,能用来制作太空餐。

川村 人要是想长期在太空生活,裸藻应该是最合适的食物了吧。

出云 日本宇宙航空研究开发机构(JAXA)里面有一支研究火星

农业的队伍。而因为裸藻也是植物，能够进行光合作用，所以可以吸收火星上高浓度的二氧化碳并排放出氧气。因此他们在考虑："如果裸藻能将火星上的氧气浓度提高到和地球上差不多，我们就搬过去吧。"目前我们准备首先在国际宇宙空间站的JAXA专区里开始对裸藻的培养研究。

川村 这可真是一个充满希望的设想。不过，您除了裸藻之外，还有什么感兴趣的事情吗？在我的印象当中，理科人员总会对研究倾注相当大的热情，我会怀疑大家是不是把工作当成了恋爱。

出云 如果一件事情不具备可复制性，那么它就不足以被称为科学。从这个意义上讲，恋爱完全是非线性关系，让我感到挺头疼的。恋爱不能换算成成绩，不可能说约会一次之后，好感度就会从50增长到55。要么就是突然喜欢上了，要么就会讨厌起那个人。

川村 你说的也有道理，可普通人根本不会把恋爱换算成数值来考虑（笑）。

出云 可是，有的人喜欢去迪士尼乐园，有的人则喜欢去葛西临海公园，这种喜好上的差别其实就是意味着这两类人的微分系数不同吧。这个人到底是喜欢米奇还是喜欢水族馆？如果我们不对此进行积分运算，好好制订一个计划，那么必然无法实现一场成功的约会。

川村 我们这些文科生会从过去的经验和失败当中吸取教训，精心打造出一个计划。

出云 即便约会的对象不是同一个人？

川村 毕竟我们可是曾经背下过整个日本史和世界史的人。

出云 原来如此。可不论如何,我还是觉得如果能遇到一个像裸藻一样跟我合得来的人就好了(笑)。

川村 要想超过裸藻在您心中的地位,对一个普通女性来说可太难了(笑)。

(2016 年 1 月 于东京·町田·Euglena)

复习

第一次见到出云充先生,是在东京大学角落里的一间小小实验室。他戴着一条鲜艳的绿色领带,说"想要拯救那些苦于饥饿的人"。

大一那年的暑假他去了孟加拉国,遇到了一群营养不良的孩子。他开始查找有什么物质能帮助人们高效摄入营养,这时他遇到了裸藻。

养乐多、味之素、龟甲万[①]。日本自古就有发酵食品的文化,而在此基础上诞生的生物科技,也可以称作日本领先于世界的看家技艺。他决定用裸藻打入这个领域。他一边做着银行职员,一边走访全日本的研究者们进行请教,最后他决定辞去银行的工作,潜心从事研究。成功的经验和失败的经验都汇集到了他手边,他成为世界上首位实现了裸藻大量培养的人。

时隔两年之久,我再次去拜访了他。他的公司现在位于一栋巨大的办公楼里,员工数量也增长了一倍以上。我感受到了裸藻事业的显著成长。

"我们正在尝试用裸藻制作生物航空燃料,以此让喷气式飞机飞上天空。"

[①] 龟甲万公司是一家有360年历史的日本家族企业,其年收入高达20亿美元,是全球第一的日本食品佐料制造商兼供应商。——译者注

关于裸藻的这个梦，没有止步于食品行业，而是扩张到了化妆品、医疗用品、生物燃料等多个领域。"可持续燃料"是人类一直以来的梦想，现在我们距离它的实际应用只有一步之遥。

虽然公司的规模扩大了，可支持着他前行的一直是"对裸藻的爱"，这一点从未改变。这份爱超过了物理与化学的概念，必将带领裸藻走向全世界。看着他胸前那条与两年前一般的、鲜艳的绿色领带，我确信了这一点。

理科 007　出云充教会我们的事

同时具有动物性和植物性两种营养素的，地球上就只有裸藻这一种生物。而且裸藻从五亿年前就开始在地球上繁衍了，到现在都还没有灭绝，简直就是个奇迹。

使用显微操作器对裸藻进行操作是一项精细作业，只有手指灵活的日本人才能做好。

只要在有光照的地方装一个游泳池，就能够进行裸藻的培养了。当今的耕地面积和粮食产量都还不够充裕，玉米虽然可以用来生产生物燃料，但还是更应该被当作粮食，而裸藻燃料与其相比完全是划时代的能源。

2018年我们准备使用裸藻生物航空燃料，让飞机飞上天空。

回顾二十世纪，说到底都是在围绕原油展开战争。如果大家还要因为裸藻再起纷争，那只能说人类一点都没有从历史中吸取教训了。

我们也将视线投向了太空农业。而因为裸藻也是植物、能够进行光合作用，所以可以吸收火星上高浓度的二氧化碳并排放出氧气。我们现在正准备在国际宇宙空间站的JAXA专区里开始对裸藻的培养研究。

理科 008

顺天堂大学心脏血管外科教授

天野笃

共计 7000 台以上的手术,
成功率高达 98%。
他有些赌徒气质,
那双"神之手"
每年会主刀 400 台手术。
他从丰富的手术经验当中,
寻找出打破困境的方法。

顺天堂大学心脏血管外科教授
天野笃
ATSUSHI AMANO

　　1955年出生于埼玉县。高中就读于县立浦和高校之时，得知父亲患上心脏瓣膜病，自此他决心成为医生。高考落榜后他决定复读，比起复习，更多的时间却沉迷于赌博机和麻将。复读三年之后，考入日本大学医学部。毕业后先后任职于龟田综合医院和新东京医院，2002年起开始担任现今职务。是心脏跳动下冠状动脉搭桥（off-pump CABG）手术第一人。迄今为止，共主刀7000台以上的手术，成功率高达98%。2012年成功为日本天皇完成心脏手术。著有《热情地活下去》等书。

©Junpei Kato

天野笃

医学领域中,"临床"与"研究"各自有着怎样的意义?

川村　我觉得既然要和理科人士进行对话,就不可能绕过医生。至于要在医生里面选择哪位,我也考虑了很久,最终决定采访您。您是心外科医生,每天都在面对真实的生命,还曾为天皇陛下做过手术,被称作"神之手",无疑是最合适的人选。

天野　我的工作是"帮人活下去",某种意义上讲,这的确也算是一个颇具戏剧性的领域。

川村　迄今为止,您已经做过多少台手术?

天野　每年大约会做 400 台,总共的话已经超过了 7000 台。问诊过的患者大概有 1 万人吧。

川村　按每年 400 台来算,您每天都至少要做 1 台手术啊。而且您的手术成功率高到吓人,竟达到了 98%。

天野　可这个数字其实很小。假设一个医生在一位病人身上花十分钟时间,一天工作十个小时,每周工作六天,一辈子工作五十年,他能看的病人也不过只有 90 万人罢了。90 万人,只能占到日本总人口的 1%。可如果能发现对全人类都有益的治疗方法或药物,比如说 iPS 细胞或者是更早一些的胰岛素,那么将能帮助到全世界数十亿的人。所以我认为,医学的绝对真谛还是在于"研究"。

川村　像您这样的"临床"医生,与那些从事"研究"工作,给世界带去巨大改变的人相比，究竟有什么不同？

天野 我认为我们只是在沿着不同的路径对医学进行探索。九成以上的医学生，入学之前都有过一些印象深刻的医疗体验。在学习的过程中他们的信念愈发坚定，最终成为医生，开始治病救人的工作。

川村 他们当中的大多数都成为临床医生了吧。

天野 是的，我认为那些被称作"人类大发现"的灵感，也都是从日常诊治患者的过程中获得的启发。有时是他们自己注意到了些什么，有时是基础医学研究人员通过观察临床数据注意到的，有时则是双方同时注意到某个问题。因此在我看来，问诊和手术是一切医学的原点。

川村 您的手术安排总是一个接着一个，在这种情况下，当您注意到某个问题，或者是取得某个有可能应用于基础医学领域的发现时，您要怎么保证自己有时间去研究和验证它们？

天野 这种时候，周围有没有在基础研究领域造诣颇深的伙伴就变得非常重要。我现在在大学医院里工作，身边就有这样的伙伴，他们是我的有力后盾。而令人遗憾的是，普通医院里并没有多少研究人员，因此即使有人注意到："这个发现或许能应用于那种病的治疗"，也很难找到人帮助验证想法。我虽然是在45岁以后才进入了大学医院，可这里的环境为我提供了很大的帮助。

在复读的三年间您学到了什么?

川村 在跟您见面之前我拜读了一下您的人生经历,看到您在考入日本大学医学部之前曾经复读过三年。

天野 我那个时候,还是一个允许年轻人犯错的时代(笑)。只要你不给他人添麻烦、不离家出走或违法犯罪,那么即使你有些离经叛道,社会也都能够包容。

川村 您那时是不怎么想去上大学吗?

天野 我是想念大学的,高中念的也是重点学校。只不过我对应试复习完全提不起兴趣,再加上从小时候开始我不用怎么学习成绩也一直很好,即使是落榜之后再做模拟卷时也拿到了不错的成绩,所以我以为自己一定能轻松取胜,于是全心投入到了玩乐当中。

川村 这导致您复读了三年。

天野 是的。到了第三年的时候,我终于意识到:"到了现在,再去上一个普通的大学也太不像话""如果连医生都当不成,要怎么证明自己生命的价值",这才考上了医学部。成为医生之后,我也一直告诫自己:"你已经比别人落后了三年,必须要尽早成为一个能独当一面的医生",一直在比别人更加拼命地汲取知识。

川村 复读的那三年里你每天主要都在做些什么呢?

天野 都在玩赌博机吧,我那时几乎算是一个职业玩家(笑)。现在大概要卖 600 万日元（约合 36 万人民币）的丰田皇冠汽车，当时还只需要 150 万日元（约合 9 万人民币），而我那时已经每个月都能赚到 30 万日元（约合 1.8 万人民币）以上。

川村 相当于现在每个月赚 120 万日元（约合 7.2 万人民币）啊，那您可真是个职业赌徒了（笑）。

天野 我会去赌博也是因为那时我父亲患了心脏瓣膜病，需要花很多钱，不过这只是表面上的理由罢了，我还经常去打麻将。无论是玩赌博机还是打麻将，取胜的关键都在于能否在"时机恰好"之时孤注一掷，这需要我们用身体去感受时机成熟的那个瞬间。今天我已经成为一名外科医生，那时的经验却还在影响着我。

外科医生有着怎样的独特观察视角？

川村 说起来，我在编辑电影的时候经常会用到"手术"这个词。电影的时间轴当中也有类似于血液的东西在流动，如果其循环进行得不够顺畅，我就得下手术刀，将不好的东西取出来，再进行缝合。不过我几乎都是在依靠自己的直觉做这些事情，而不会像搞医学研究那样确立起理论，进行解释和说明。总之就是说，我没法把自己的经验总结成一门学问，传授给他人。

天野 外科医生的世界，在我看来就是要在理论确立前重复进行尝试，要省去无用的步骤，要为了形成一个"可复制"的方法不断创新。只不过，一个手术方法一旦变得"可复制"之后，就意味着你的同行们也能做到了，所以我一直想要再先行一步，我也一直是这么做的。

川村 您已经走到了今天的位置，目光却始终投向更远的远方，可真让人敬佩。

天野 外科医生有这么一个特点：即使有一个观察对象摆在我们眼前，大家也不会把注意力投向它，而是会去探索什么都看不见的阴影部分，会去思考"如果我选择走这条路，是不是能实现新的突破"。

川村 原来如此。这种观察事物的角度太有外科医生的特色了。

天野 不过，结果却往往是出人意料地简单。比如说为了防止血管出血，大家可能会认为把针脚缝得密密麻麻的比较好，可实际上缝得稀疏有致一些反而不怎么出血。这是因为针脚细密会导致针眼变多，出血量自然也会增多。取得这类发现的时候，我就会感觉"太好了"。

"心脏跳动下冠状动脉搭桥术"是怎样诞生的？

川村 您的团队将目光投向了"心脏跳动下冠状动脉搭桥术"，让它变成了一种可复制的手术方法，可谓是这一领域的先驱。能请您介绍一下这个方法吗？

天野 "pump"指的是心肺机，以前在进行手术的时候会让心脏停搏一段时间，期间用它来代替。而"off-pump"则和字面意思一样，指的是不使用人工心肺机、不让心脏停搏的手术方法。

川村 最开始听到这个方法的时候，我感到颇为意外。

天野 一直以来，大家都认为使用人工心肺机的心脏手术具有一定的局限性。之所以这么讲，是因为如果患者的病症过重、心脏机能衰弱的话，那么其心脏就不可能像普通心脏那样停跳五个小时，最多只能停跳一个小时。这种情况下，手术反而可能给患者带去伤害。因此，"off-pump"最初的目标群体其实是重症患者。可深入思考之后我们团队意识到："既然重症患者都可以采用这种手术方法，那么它一定也适用于普通患者。"这才促成了该方法的普及。

川村 目前"人工心肺"和"off-pump"这两种手术方法当中，哪一个占据了主流？

天野 大部分人采用的还是人工心肺手术法。这是因为：在发达国家，医生们一般只会做一个领域、一种类型的手术，工作内容固定；而在发展中国家，他们很难模仿日本医生的精准手法。不过从手术的发展来看，"off-pump"既适用于重症患者也适用于普通患者，而且还采用了更为复杂的手法，无疑是更加先进的方法。与之相比，人工心肺术则成了一种死板的、缺乏灵活性的方法。

川村 在术后恢复方面，也是"off-pump"这种无须让心脏停搏的方法效果更好吧？

天野 是的。人工心肺术无论如何都会对大脑和肾脏造成一定影响，而现在的情况是医生们在帮助患者进行恢复时会对这一点进行隐瞒。而且为了进行术后恢复，有时还需要采取插管、佩戴辅助工具等方式，而这些又有可能引发新问题。关于这一点，诚如您预想的那样：无须让心脏停搏的"off-pump"手术法更加自然，术后造成的身体负担也可以说更小一些。

川村 这也与大家正常的思维模式相符合。

天野 关于人工心肺术，有过这么一段历史：它在初期其实也是一种风险很高的手术方法，有很多人曾提出意见说："请在手术的过程中保证心脏的跳动。"再加上从前的缝合线和手术工具不如现在这么发达，导致这个手术的死亡率一度很高。不过为了实现稳定的医疗服务，科技的发展紧跟了上来，将手术死亡率降低到了5%左右。到了这个时候，大家才终于普遍认可这种方法。而后，老年人以及其他器官存在并发症的高风险患者又逐渐增多，"off-pump"才逐渐兴起。

您如何应对科技的进步？

川村 您刚刚提到了手术当中使用的缝合线在不断进步，是否可以这样理解：现在我们之所以能做一些从前被视作高风险的手术，一方面是因为医疗用具的进步，另一方面则是因为医生的技术在不断提高。

天野 是的,这两个方面缺一不可。我还是个实习医生的时候,每天晚上都会练习打结,这是基本中的基本。除此之外,就像凭借力量和语言收获了众多追随者,并和他们一起打败了妖怪的桃太郎一样,与强大的对手抗衡时,我们必须寻找一切可能的手段。

川村 必须得掌握综合运用这些的能力啊。

天野 还必须得了解科技又取得了怎样的进步。

川村 在光影的世界当中,摄影技术也分为许多复杂的流派,比如说有胶片电影、数字电影,以及其中使用的一些视觉效果(VFX)。而在进行计算机动画(CG)的制作时,更是每个创作者都会使用不同的软件,不存在一个统一的方法论。我们每个人都坚持着自己认为正确的理论,然而您要面对的是一条条生命,他们是如此的鲜活,其中压力之大应该是我们难以想象的。

天野 无论我们研究出了多么高明的手术方法,如果不能让患者活下去,并获得比从前更好的术后效果,就没有意义。医学是一个唯结果论的世界。

川村 您现在仍不断地在向新技术发起挑战吗?

天野 这是自然。我们绝不应该做一些可能造成牺牲的危险尝试,但我们可以从大量的手术和经验当中总结出效果比较好的治疗方法。比如,假设我们发现对于 A 这种病症可以采用 A' 这种方法,我们就可以将其应用在患者身上。而如果有患者出现了不适反应,我们则要厘清缘由:是因为患者年龄大了,还是因为患者的术后状态不好?这时我们就得思考怎样才能让患者脱离险境,下一步到底该采取怎样的治疗方案,这就需要我们做些挑战。这感觉有点像是明知正在前方等待我们的是艰难险阻，仍要主动向前，与之达成和解。

川村 您向新医疗手段发起挑战时的动力来自哪里？

天野 我父亲曾患有心脏瓣膜病，做过三次手术，第二次的时候我还担当了手术助手，最终却还是没能让他活下来。那时我就决定，要尽自己的最大努力去救助那些患者。还有一个原因是：当自己在形势严峻的情况下完成了迄今为止所没能实现的突破、战胜了紧张时，我会感到神清气爽、很有成就感，这种感觉会让人上瘾。从某种意义上讲，这有些像一场完美犯罪。同样都是信心坚定、计划周详、行动利落，待到回顾时没有留下一丝证据。

您如何选择就职的医院？

川村 您是在 45 岁左右进入了现在这所医院，在那之前，您曾在什么样的医院里就职？

天野 大学毕业以后，我以心脏外科实习医生的身份进入了一家私人医院，那时这还算是一个风险领域。可是入职之后我发现，那家医院的心脏外科手术并不多，在那里继续待下去我的技术怕是也得不到锻炼。于是在实习期结束之后，我就转到了千叶县的一家以最新医疗技术而闻名的综合医院。这家医院的心脏血管外科有很多手术可以做，也很重视心脏分流手术，哪怕是年轻医师，只要实力过关就都有机会主刀。因此患者们慕名而来，我每年大约会参与 150 台手术。不过我后来也被那里开除了，经历了很多事情（苦笑）。

川村 您年轻的时候怕是特别的血气方刚吧。

天野 到了现在，我还是会经常展现出这一面。所以关于天皇陛下的手术，我也感觉是一个最要不得的人主了刀（笑）。

川村 手术的邀请函发到您这位脾气火爆却技艺高超的医生手里，可真像电影情节一般。您是怎样得到这次机会的？

天野 应该算是机缘巧合吧。本来给天皇陛下定下的主治医生，是东京大学医院的一位主任教授。而我与那位老师相交多年，曾数次给他手里的患者动过手术。而且我这个人从不会考虑"如果失败了要怎么办"之类的严肃问题。这是因为在手术之前，我就把整个过程想清楚了，用麻将术语来说就是："摸牌的过程中已经凑齐了立直、断幺、平和三色同顺①，接下来只要考虑怎么自摸和牌就好。"

川村 您可真是个赌徒啊（笑）。

天野 拿我们顺天堂医院的老大，也就是我们理事长来说，将他一层一层的身份剥下后，会发现他的内核是一位学者。而我，则是一个赌徒（笑）。

---

① 立直、断幺、平和、三色同顺均为日本麻将术语。——编者注

您如何看待新一代的心脏外科医生？

川村 现在的年轻心脏外科医生当中，有和您相像的人吗？

天野 有的，不过我觉得他们还缺少在逆境中坚持的经验。大家常说："危机即是机遇"，我认为正是如此。山重水复疑无路之时，正是有可能柳暗花明又一村之际，可我还没见到肯在这样的情况下逼一逼自己的年轻人。我还年轻时，每每经历这种情况时，都会告诉自己："我一定能成功。"陷入低谷之时，如果选择放弃、告诉自己："我已经坚持不下去了"，那么大概就真的不行了。可如果我们告诉自己："谷底才是我的一贯位置，在这里我绝不会失手"，那么则能够向上攀爬。不过我也是后来才总结出这些经验罢了。

川村 想请问您一下，迄今为止您感觉最为辛苦的是哪个时期呢？

天野 在来到现在这所大学医院之前，我一边在综合医院里工作，一边担忧着："这样下去，自己会不会埋没在这个组织当中。"再加上那时我买股票又赔了，那应该算得上是挺难的一段日子了吧（苦笑）。虽然在本职工作领域我的经验在不断累积，可那时每天只要一看《日经新闻》，我就会感觉到自己的财富在不断流失，真是前所未有的体验。我当时听了股票经纪人的话，不断追加投资，希望实现买入止损，导致每次去银行打存折，我都会发现账户里的钱又少了。

川村 那可真是挺让人意志消沉的。

天野 是啊,不过还好我幡然醒悟了,意识到:"钱这个东西,只要不是一分都没有就好""只要我跟从前一样努力,就还能再赚回来"。顺便说一下,我现在的版税全部捐了出去,受赠的包括我的母校、东日本大地震中的受灾地区以及其他一些地方。还有,我的股票也在赚钱了(笑)。

川村 您果真是一个彻头彻尾的赌徒啊(笑)。

天野 经济领域当中的一些重要原则在医疗领域当中也能起到参考作用,所以股票投资并非无用。考进医学部的学生们大都来自很好的高中,成绩也都很优秀,却几乎没有人拥有赌徒精神啊。

您是怎样利用"记忆"的?

川村 您在做医生的时候也能一直坚持赌徒精神,是因为您的现场经验多到占据了绝对性优势吧?

天野 你有多少经验,就掌握了多少打破困境的能力,我认为这是一个很重要的原因。

川村 这应该是最有用的成长方法了吧。

天野 还有就是,我把与自己专业领域相关的所有手术方案都记在了脑子里。特别是年轻时候做的那些手术,我记得尤为清楚。

而最近的那些手术做得太过完美，反而留不下什么印象。果然还是要有些意外出现，比如说手术当中出了一些状况，或是术后出现了一些出乎意料的情况，才能让自己印象深刻。

川村 虽然完全不是同一个领域，我做电影的时候有时也是在依靠记忆。十多岁的时候，我每年都会看300多部电影。至今我都还记得一些好电影里的经典片段、分镜方法，何时有音乐起落，演员的演技又如何。所以当我在进行电影编辑时，如果感觉"差了点意思"，大多会尝试"像'那部'电影一样，在'那个'时机响起音乐"看看效果如何。听了您的话，我再次意识到记忆真的是一股强大的力量。

天野 我们都把记忆压缩成了合适的大小存储在大脑这个抽屉里。比如说，如果我想把手术用影像的方式存储下来，则会因为信息量过大而失败。所以我要把它们转换成示意图，或是像您刚刚讲到的分镜，有些情况下则是速写。对我来说，这种训练方式才是正确的记忆方法，比较方便以后的回想和应用。

川村 我也不是全部都记下来，而是将那些让这部电影成为经典的关键场景，以及那些失误的场景划分成几个类别，存储在脑海中。

天野 总之，关键在于要提前做些准备。当面对一项高要求的任务时，我们能否让自己相信"我并非做不到"，取决于我们能否从记忆的抽屉里找到"自己曾多次成功完成过类似任务"的证据。

作为医生,要想有所成长需要做些什么?

川村 作为医生,您还在其他什么方面做出了努力吗?

天野 我很看重与他人的交流。作为一家大型大学医院的医生,我能接触到的人到底还是有限。不过我一直以来都对所有领域一视同仁,尽可能地去扩大自己的视野,和很多人接触,在与他们的交流中我获得了许多知识和经验,还能够将这些与我的专业联系起来,在心里思考:"要是用我们的话来说,大概就是'这么'一回事吧。"还有就是,现在的人们某种意义上都被信息和流行包围了。就拿手机来说,很多人都感觉没有智能机就无法生活。与从前相比,现在的人们更难取得创新。我们必须得自己主动打破这一层壳,或者是等到某些突发事件来临时,不得不去打碎它。不管是采取哪种方式,如果我们不这么做,人类就很难在未来取得进展。

川村 关于您的所有片段,都让我强烈地感觉到了您身上的"无赖"特质(笑)。

天野 是因为我在某些方面像是一个"雇佣兵"吧(笑)。

川村 您现在在培养比自己还厉害的雇佣兵吗?

天野 我现在是天野大家庭的顶梁柱,得由我来保证学生和弟子们不会流落街头。所以即使要决一胜负,也会变成真剑与木刀的决斗,我是决不会输的。不过等到下一辈人成长起来,说不定就会有人在夜半三更之时气势汹汹地让我"纳命来"了。我还有些期待这一天的到来。这就好比为了能让自己能死得漂亮一些，会想要寻找一位手法利落的介错人①吧。

川村 可如果您离开了，对心脏外科界来说将是一个重大的损失吧。

天野 能做上手术的患者可能确实会减少。万一我真的发生什么不测，也得需要保证患者接受的诊疗质量不会下降。所以我现在培养起了坚实的后盾来进行风险管理，真到那个时候，也绝不会给我现在的患者们添麻烦。在这一点上，我感觉自己真的非常幸运。不过也正因如此，我更感觉到一种责任，觉得自己必须得开发出一些新的医疗手段或是取得一些新发现。如果做不到的话，我的人生也终于是走到尽头了吧。

川村 您现在在参与什么具体的任务吗？

天野 我认为不应该只优先发展富人的医疗。现在日本很多的超高龄人口都是在依靠养老金度日，我们必须得给这些人提供没有经济负担的医疗。我认为医疗是一个特殊领域，它不应该是面向活跃老年人口的一种商品，而应该是社会对这些已处在生命尽头的人们的一种回报。让医疗领域具备再生产性，这是我现在最为热衷的事业。

川村 "off-pump"手术的费用应该很高吧。

天野 我们必须得做出一些妥协。我认为这个手术当中最关键的

---

① 在"切腹"自杀时，被找来作为切腹者助手，在最痛苦一刻替其斩首的人被称为"介错人"。——译者注

三个点分别是"速度快、价格低、技术好"。"速度快"和"技术好"这两点只能凭借自己的经验来保证，倒是关于手术成本，我在考虑能不能通过使用从前的旧医疗设备来控制一下。我现在越来越觉得：如果自己多下些功夫想一想，说不定就能帮助很多人享受到高质量的医疗服务。

作为一名心脏外科医生，您如何度过假期？

川村 剥下您的层层身份，我感觉您最后既是一个赌徒，同时又是一个充满正义感的人。我想请问一下，您的生活里有假期吗？

天野 周日我有时会去打打高尔夫，不过寒暑假基本是没有的。也就只有每年的 12 月 31 日到 1 月 2 日[①]，能和家人一起好好放松几天。大部分时间我都待在医院里，以备随时进行手术。当某些意外情况发生时，哪怕不是作为主刀医生，我也想作为一名普通的医护人员参与到工作当中。

川村 您可真是不停不歇地在工作啊。

天野 与其说是在工作，我不过是想让那些平日里在手术中给自己打下手，帮了自己很多忙的同事们，能尽可能地多拥有些私人时间。毕竟我年轻的时候也曾拥有过属于自己的时间，也曾经因

---

① 日本新年假期。——译者注

为能与家人相伴而感到放松。

川村 我感受到了您妻子在您背后的支持与奉献。

天野 在家的时候我可彻底就是个听话筒,她总是在跟我抱怨(苦笑)。不过我只有周末的时候才回家,一周也就听个一次罢了。

川村 您可真是个能力出众的人,简直完美到没有能够攻击的弱点。这让我有点不甘心,不过,您对待工作与生命的态度真是让我深受感动。

天野 我可一直都是个善于装模作样的人(笑)。

(2015年4月 于东京·本乡·顺天堂大学附属顺天堂医院)

复习

"我这边来了个紧急手术,我们可以提前 30 分钟开始吗?"

对谈当天,我在前往顺天堂大学的路上收到了这条消息。我真切地感受到:这位每年要主刀 400 台手术的"超级医生",过的是怎样与众不同的生活。

"我认为那些被称作'人类大发现'的灵感,也都是从日常诊治患者的过程中获得的启发。因此,问诊和手术是一切医学的原点。"

天野笃专注于临床,是心脏跳动下冠状动脉搭桥手术的第一人,共做过 7000 台以上的手术。他的手术成功率高达 98%。他曾为天皇陛下的手术主刀,也因此声名大振,可时至今日,他所奉行的宗旨仍是"速度快、价格低、技术好",他仍在摸索怎样才能拯救更多人的性命。

学生时代,他曾日夜沉迷麻将与赌博机。

他说道:"无论是玩赌博机还是打麻将,取胜的关键都在于能否在'时机恰好'之时孤注一掷,这需要我们用身体去感受时机成熟的那个瞬间。今天我已经成为一名外科医生,那时的经验却还在影响着我。"

站在心脏外科界顶端的,正是这位"无赖雇佣兵"。这个事实让我清楚地意识到:还是要靠"人"才能治愈人。

对谈结束后,他挂着爽朗的笑容走向了手术室。

这位注重实战的赌徒,将凭借卓越的技术、超群的记忆力,以及那份"正义感",继续挽救一条又一条生命。

理科 008　天野笃教会我们的事

复读的三年间，我曾热衷于赌博机。玩赌博机时，取胜的关键在于能否在'时机恰好'之时孤注一掷，这需要我们用身体去感受时机成熟的那个瞬间。今天我已经成为一名外科医生，那时的经验却还在影响着我。

"off-pump"这种不使用人工心肺机的手术方法，最初的目标群体其实是重症患者。可深入思考之后我们团队意识到："既然重症患者都可以采用这种手术方法，那么它一定也适用于普通患者"，这才促成了该方法的普及。

跌入谷底之时，如果我们告诉自己："谷底才是我的一贯位置，在这里我绝不会失手"，那么则能够向上攀爬。

我把与自己专业领域相关的所有手术方案都记在了脑子里。如果信息量过大，反而会记不住。所以，我要把它们转换成示意图或是分镜，有些情况下则是速写。对我来说，这种训练方式才是正确的记忆方法。

重要的是，要尽可能地去扩大自己的视野，和很多人接触，在与他们的交流中获得知识和经验，并将这些与自己的专业联系起来，在心里思考："要是用我们的话来说，大概就是'这么'一回事吧。"

天野笃

现在日本很多的超高龄人口都是在依靠养老金度日,我们必须得给这些人提供没有经济负担的医疗。我认为医疗是一个特殊领域,它应该是社会对这些已处在生命尽头的人们的一种回报。让医疗具备再生产性,这是我现在最为热衷的事业。

理科 009

机器人发明家

高桥智隆

出于对《铁臂阿童木》的憧憬,
这位发明家开始单枪匹马地开发
对话机器人。
根据他的构想,在不久的未来,
手机的功能将由人形机器人取代。

机器人发明家
高桥智隆
TOMOTAKA TAKAHASHI

1975年出生于滋贺县。2003年毕业于京都大学工学部,并创立 ROBO GARAGE 公司,该公司成为第一家入驻京都大学的科技创新公司。代表作包括《周刊 Robi》《ROPID》《FT》等。2013年,成功实现全球首次创举,将对话机器人"希望机器人"(Kirobo)送入太空。2016年,他与夏普公司共同开发的机器人手机"RoboHoN"开始发售。在 RoboCup 机器人世界杯上,他连续五年夺得冠军。曾被美国《时代》杂志评选为"2004年最酷发明",入选《大众科学》(Popular Science)杂志"改变未来的33人"名单。其研发的机器人"EVOLTA"成功登顶美国大峡

©Akiko Isobe

谷，完成勒芒24小时耐力赛，获吉尼斯世界纪录认证。目前，除ROBO GARAGE公司董事长之外，他还在担任东京大学先端科学技术研究中心特邀副教授、大阪电气通信大学客座教授、修曼机器人教室（Human Academy Robot School）顾问等职位。

单枪匹马也能做出机器人？

川村 制作机器人需要一个多大的团队？

高桥 事实上我没有雇任何员工，是自己一个人在做。

川村 还可以这样？

高桥 一些成熟的行业在历史发展的过程中已经确定了分担工作的模式，所以可以由很多人共同作业。然而在一些新兴领域，这却很难做到。比如说汽车行业刚刚出现的时候，工匠们也都是在自家后院那一方狭小的地方独自组装零部件，他们被称作"后院组装者"（backyard builder）。现在的机器人行业或许与他们那个时候的状态有些相近吧。

川村 我之前一直觉得，您应该是在一个热闹的实验室里指挥大家工作。

高桥 虽然大家一起热热闹闹地工作应该也挺开心，最后却很可能像小学生约着做作业一样，很难取得什么进展。当然，受些外部刺激，多跟人接触跟人交谈也是必要的，但我认为，最后交出的答卷还应该是自己一个人苦思冥想得出的结果。

川村 那这样的话，万一您突然不在了，您做的那些机器人岂不是再没有谁能做得出了……

高桥 我想其他人很可能连修都修不了。无论是人偶八音盒还是钟表的修理都是一样，如果制作者没有留下图纸供维修人员参阅，那么很多时候后人就只能束手无策了，不是吗？

川村 我听说过，阿波罗登月时使用的火箭似乎也很难再次复制。

高桥 如果想再造出一个一样的，可能需要再经历一次同样的失败过程，重新从零开始积累经验、开发技术。

川村 说到太空，我想起了您和宇航员若田光一先生的"希望机器人项目"（※高桥智隆于2013年～2014年与日本丰田公司等机构共同开发出一款"希望机器人"。该机器人被送上太空，与长期驻守国际空间站的日本宇航员若田光一进行了对话。这是第一台踏足宇宙的对话机器人）。那可真是一个闪耀着梦想光辉的杰作。那台机器人是在记下了几种语言模式之后学会了与人交流吗？

高桥 它的内部存储了一些语句。听到人声时，它能够从语料库中选择出与其内容最为相近的问句，从而给出最合适的回答。哪怕是聊到它一无所知的话题，它也能提取出话语中的一些单词来应和，或是鹦鹉学舌一般重复听到的话语。关于它的"智能"这部分，使用的是丰田公司的技术。

川村 人工智能这部分您选择了直接使用别人的技术，关于这一点你从来没有犹豫过吗？

高桥 是的。关于语音识别技术，不只是丰田，还有很多企业也一直在大力推进相关研究。我相信要不了多久，人工智能就可以在听到声音之后正确理解一句话的意思了。所以这些事情我就交给专业的人来做，至于我自己，则专注于机器人主机的开发，以及思考"该让机器人进行怎样的对话"。

您选择人形机器人的理由是？

川村 您制作的机器人全都是人形机器人吧。

高桥 最开始是因为我对《铁臂阿童木》有着一种憧憬。受到动漫作品的影响，我心里一直以来对机器人的印象都是类人机器人，也就是人形机器人。不过很长一段时间里，关于"到底为什么一定要是人形"这个问题，我也一直没能得出一个答案。最近我终于发现了那个理由：之所以做成人形，是为了让人们更容易倾注感情，将机器人看作人，好与它们进行对话。

川村 确实，像是《机动战士高达》和《环太平洋》之类的作品中出现的人形机器人形象，其实都不怎么合理。

高桥 那些人形机器人无论做什么动作都不怎么方便吧。它们身形巨大，万一跌了一跤很可能会砸坏些东西或者是致人受伤。如果它们不能做出什么贡献，不能独当一面的话，总会让人觉得蠢笨。就拿打扫卫生来说，只要交给"伦巴"这样的扫地机器人就好，根本不必让人形机器人用吸尘机乒乒乓乓地闹出很大动静。

川村 这么看来，机器人之所以存在不是因为大家需要它们带来什么现实利益，而是为了一种浪漫的情怀？

高桥 我最开始做机器人的时候，也有受到浪漫情怀的影响。可当我认真去探寻其中的合理性，我意识到机器人的存在就是为了和人进行交流。因此，它们不必孔武有力，也不必和人一般大小。

高桥智隆

同时拥有智能手机和机器人这两台设备将变成理所当然?

川村 也就是说,您设计的之所以都是小型机器人,也是因为只要能成为与人交流的对象,机器人的大小其实并不重要是吗?

高桥 其实人形机器人不必和人类等身,只要能让人将其视作生命就可以了。我甚至想把它们做成和智能手机差不多的大小。我有时会说:"我想要做出和'眼珠老爹①'差不多大小的机器人。"面对敌人,眼珠老爹虽然做不到一击致命,却能够把敌人的弱点告诉鬼太郎,是一个非常有用的信息来源。

川村 确实,眼珠老爹对鬼太郎来说就是一位向导。

高桥 无论是《彼得·潘》里的奇妙仙子,还是《匹诺曹》里的蟋蟀吉米尼,这些能帮到主人公的,其实都是一些知识渊博的"小"伙伴。于是我想,这是不是意味着大部分人都对这类存在抱有幻想。

川村 虽然不是乔布斯的发布会,但您有天或许会从口袋里掏出一台超小型机器人取代苹果手机吧。

高桥 智能手机虽然好不容易导入了语音识别功能,大家的使用程度却不像预想当中那么高,这是它的一个局限性。我认为这种现状对机器人来说是个机会。

---

① 眼珠老爹是日本漫画家水木茂创作的漫画《鬼太郎》的主角鬼太郎的父亲。——译者注

川村　应该单纯是因为对着手机说话让人觉得挺不好意思的吧。

高桥　我觉得是因为手机是个黑色四方体，大家才不愿意跟它讲话。而关于这一点，如果是人形机器人的话，大家或许就更容易接受了。而且跟一台熟知主人兴趣爱好的机器人对话，可以让我们获取很多信息。手机之后，我们将迎来的一定是小型类人机器人的时代。

川村　我们大概要到多久之后能在市面上买到这种机器人呢？

高桥　五年之后，同时拥有智能手机和小型机器人大概就会变成一件理所当然的事。到了十年之后，二者则应该已经合二为一了。

您开始制作机器人的契机是？

川村　您开始制作机器人的契机是什么？

高桥　我是从高中直升到大学的文科院系的，那时日本还处在泡沫经济时期。可到了我毕业的时候泡沫经济已经崩溃，进入了"就业冰河期"。于是我意识到："不用付出多少也来钱快的工作根本就不存在。既然如此，就选自己喜欢的事作为工作吧。"我喜欢制作东西，也喜欢机器。当时刚好有一家从事制造业的公司，他们又刚巧主要做我喜欢的渔具和滑雪用品。我想进去做商品企划，就去参加了他们的入职考试，结果漂亮地失败了（苦笑）。于是我转换了思路，想起"自己小时候，一直挺想尝试做机器人来着"。

我进了补习班，重新考上了京都大学的工学部，开始自己拿下一些机器人的技术专利，就这么走上了这条道路。基本上算是顺其自然吧。

川村 原来您刚开始喜欢过钓鱼啊。其实我从小在横滨长大，因为城市离海比较近，所以高中的时候我经常去海钓，渔具确实有些浪漫色彩。

高桥 我过去住在琵琶湖边，所以一度沉迷于钓黑鲈鱼。

川村 我听说把鱼钓上来那瞬间的快感会让渔夫们上瘾。捕获到猎物一定能让人们感受到一种原始的快乐吧。

高桥 我认为这是一种直接的快感，比农业带来的快乐要易懂得多。从这个角度来说，机器、工业产品以及科学方面接下来的进步，也必须得瞄准"感情"来进行。我在想：如果能充分调动起人们的感性，比如说依恋之情，机器与我们之间的关系应该就会变得更加紧密。迄今为止，大家一直在就"增加功能"这一点反复努力，不是追求便利性，就是致力于提升性能。可这方面已经走到了边界，没有什么新的可能性了。

川村 所以才要将视线投向人形机器人这种能让人产生依恋感的机器人吧。

高桥 只要抓住本质并将其反映到产品当中，哪怕只是加入一点小要素，应该就能够做出非常有魅力的产品。

川村 前一阵我去了位于旧金山的皮克斯动画工作室，偶然得知他们的主楼叫作"史蒂夫·乔布斯大楼"。我听说乔布斯以前经常去那边玩。我意识到乔布斯虽然是理科生，却也想从动画当中获取一些灵感。

高桥 这或许是因为动画创作者们总是知道人们到底喜欢什么。与之相对，从事工业产品制造的工程师们却缺乏这种感性。比如说，很多在机器人动画作品当中已经司空见惯的事情，在现实里其实还完全没有付诸实践。如果理科研究者与机器人动漫之间没有交流，只停留在某一边的世界里，那我们就永远制作不出能融入生活的机器人。

应该怎样看待"外包"？

川村 不过说起《铁臂阿童木》，它的开篇讲述的是天马博士因为车祸痛失爱子，于是为了缅怀儿子，他制作出了机器人阿童木。制作人形机器人的动机是为了实现"模拟"，这或许也是人类特有的感情吧。

高桥 天马博士痛失爱子之后疯狂工作，创造出了杰出的机器人。这是我非常喜欢的一幕场景。

川村 在您身上，也有与那种疯狂相似的特质吗？

高桥 我的话，我是不画设计图的。

川村 这可真有天马博士的风格，是一种挺"朋克"的做法。

高桥 设计图其实只有在大家讨论"这里要怎么处理"的问题时，能成为一种有助于信息共享的工具。本来在向工厂下零件订单时也需要设计图，可如果所有的零件都是自己来制作，那么它就不必存在了。而我总是凭着自己的一双手来做设计、削木头，再以其为模板将塑料定型……大概就是这么一个过程。

川村 您可真是货真价实的单枪匹马啊。

高桥 我觉得最终还是要在个人的不断试错中取得进步。每一次失败之后，如果不身体力行、下苦功去寻找解决办法，就想不出新点子。将这些工作交给别人来做或是转包出去，那么他们就会逐渐积攒起核心技术，可我自己这儿却什么也留不下。如果白领们只是对着电脑，什么事都不亲自动手，而把辛苦的工作全交给别的国家的话，那么他们就会逐渐掌握核心技术，在创造力方面逆袭日本。

川村 也就是说不能把制造环节外包给别人去做是吧。

高桥 是的。那些并不光鲜亮丽的环节，必须得自己来完成。我认为在产品制造的过程中，这是必不可少的部分。

在机器人开发方面，日本处在什么位置？

川村 不过，等到机器人取代手机、必须得开始批量生产的时候，总有一天您得放开手。到时还能把多少部分掌握在自己手中，这对您来说也是一个左右为难的问题吧？

高桥 到了那个时候，我也只能交给别人去做了吧。不过，乔布斯是这么面对这种情况的：他积极参与到所有部门的工作当中，毫不留情地训斥他们，一边制造出许多问题，一边不停歇地参与每个环节。虽然无论是对周围的人还是对他自己来说，这种做法都麻烦极了，可若不坚持这么做，就没法保持住自己的创造力吧。

川村　您如何看待目前日本在机器人开发领域的地位？

高桥　事实上，在机器人领域日本过去一直被誉为世界第一。然而，在东日本大地震导致的核电站事故发生之后，被投用于后续处理工作的却是国外产的工作机器人。这些机器人的研发费用来自军事预算，结构简单却很结实。也就是说，在机器人研究方面日本的成绩还不算突出，也没有形成成熟的产业，被其他国家拉开了很大的差距。

川村　这真是一个让人难过的局面。

高桥　现在这种情况下，大有可为的还是非对话机器人莫属。人们会把它们看作是和人一样的存在，想要和它们进行对话，要想设计出这样的"可爱"机器人，就需要用感性进行设计。对欧美人来说，他们虽然能够理解这种设计，自己却应该是做不到吧？

川村　确实，国外的机器人都不怎么可爱。不过最近连软银都开始制作机器人了（※指 2015 年 2 月开始公开发售的机器人"Pepper"），我也感觉到机器人世界终于进入了"战国时代"。

高桥智隆

理科当中的下一次潮流将会是？

高桥 回顾过去的 10 年，其实是这样一个时代：它要求脑子聪明的人去研究计算机，不那么聪明的就继续去搞机器吧。其结果就是，计算机的发展赶超了机器的文明。然而，人才和资金都迅速汇集到了计算机行业，这又导致了一种类似通货膨胀的效应。无论制作出多么精美的 CG 效果人们都不再会受到感动，无论开发出多么方便的软件人们都不愿意为此支付 100 日元（约合 6 元人民币）……人们忽然间就被这样的感受侵袭了。受到这种空虚之感的影响，拥有并爱惜一件产品或是实在物件的感受，又开始再次受到人们的追求。

川村 大家都厌倦了线上和虚拟世界吧。

高桥 我认为是这样。现在产品处在相对落后的位置，所以在接下来的一段时期里，这一领域应该会被注入许多技术，得到很大的发展。

川村 这么一说，我认为如果"产品的时代"卷土重来，日本应该很有胜算。比如说，唯一一部曾经在美国取得票房冠军的日本电影就是《精灵宝可梦》。角色的创作能力可谓是日本的独门技艺，在国外展开角逐的时候，走"角色"这条路或许比较容易见效。

高桥 我觉得您所讲的其实就是要制造"内容"。虽然大家一直都说:"日本是内容产业之国",可我并不完全赞同。之所以这么说,是因为获利最大的还是那些构筑系统、制造规则的人。我希望自己能在至少理解这一点的基础上,继续做一个内容生产者。就拿现代美术家村上隆先生来说,他先是弄清了用怎样的纹理绘制出一幅怎样的作品大概会卖出怎样的价格,怎么售卖能让作品的价值变得更高等问题,理解了艺术行业的运作机制之后,再在此基础上进行作品创作。

川村 天真地以为"只要交出好的作品就会有市场",这样的时代已经结束了吧。即使是皮克斯,也是在好莱坞的规则范围内进行创作。可是单单依靠美国人有点应付不来,所以他们才需要集结全世界的智慧一起展开工作。在这样的背景下,我们作为日本人如果不能正确地认识到"角色创作"到底位于什么位置,又究竟是出于什么理由才被重视,那么就根本没机会取胜吧。

高桥 是的。在这个方面,大家先体会一次绝望的感觉应该会更好吧。

有了机器人之后的生活会变成怎样?

川村 大约5年之后,同时拥有手机和机器人两台机器将会变得司空见惯,我很想知道,到了那时您的工作模式会是怎样的?

高桥 我觉得我应该还是个光杆司令,这一点不会有所改变(笑)。

川村 那您会有竞争对手吗?

高桥 目前,应该只有我一个人能制作出加入了设计和动作的小型人形机器人。因此,下一个问题应该就是"什么时候能交出最好的作品"了。我现在的状态是一边在感叹其中艰难,一边先从"小型化"这个角度进行推进。

川村 待到这个目标真的得以实现,我们的生活就几乎与动漫世界无异了吧。比如,如果我说:"今天晚上我想吃汉堡。"那机器人是不是会跟我讲:"汉堡不太健康,还是不要吃它了吧?"

高桥 是的。机器人可以通过和主人进行日常会话来收集、存储主人的个人信息和爱好。因此我觉得在未来,机器人是可以在闲谈中给拥有者提供很多建议的。

川村 如果机器人吐槽"那个食物不健康"的时候,我回它"你好烦啊"的话,那它是不是也能和我吵起来呢?

高桥 是的啊。除此之外,当你在泡澡的时候,女朋友也有可能去盘问机器人,问它"那个人刚刚到底去见谁了"之类的问题(笑)。

川村 那是挺可怕的。必须得给机器人上个锁才行(笑)。

高桥 不过机器人应该也可以根据情况变换态度(笑)。

川村 说起来,我们最后需要去哪里购买?

高桥 我们得让机器人设备和手机一样实现按月分期付款,首期不用支付任何费用就可以在电话销售商那里买到。如果现在让机器人突然参与到我们的生活当中,这恐怕难以实现。智能手机刚上市的时候,很多人也还同时持有一台翻盖手机,共同使用两台设备。我现在预想的是:和那时一样,一段时间里人们将同时使用机器人和智能手机两台设备，可最终的结果是人们将不再需要智能手机。

川村 那时的机器人，肯定也是带电话功能的吧。

高桥 是的。

川村 不过，手机摔一下屏幕裂了的时候我们都已经很心疼了。对于自己的人形机器人，我们一定有很深的感情，这要是摔了或者坏了，应该会造成挺大的精神创伤吧（笑）。

高桥 比如说啪的一声掉进厕所里的时候是吧？

川村 还有一个问题就是：作为成年男性，我们要怎样才能纾解抵触心理，摆脱"被别人看到自己和机器人讲话会很不好意思"之类的想法？

高桥 关于这一点，我想女性应该能不加抵触地和人形机器人进行交流。确实，一个大叔和机器人聊天的场景对大众来说不是很好接受，我们也在考虑很多方案。比如说针对商务人士，我们可以生产与以前的电话形态相近的人形机器人，或者是提供由无机材料制作的机器人。

川村 最后想请教一下，是什么在支持着您，让您对机器人一直热情不减？

高桥 首先，我这个人有些恋物，一碰到古董鱼竿或者是列支敦士登产的机械计算器之类的东西就会买下来。而这当中我最喜欢的还是要属工业产品，因此我总想要见一眼自己理想中机器人的样子，并想要拥有它。第二点是，我想让大家用上我做出的机器人，想要感受到一切按计划进行时的激动与喜悦之情，这其实和乔布斯的心理有些像。我认为金钱和社会地位这些，都应是跟在创造力这项资产之后的。

川村 五年之后就可以把机器人装在口袋里到处转了吧，我期待着那一天的到来！

（2014年6月 于东京·驹场·东京大学先端科学技术研究中心）

复习

"5年之后,同时拥有智能手机和小型机器人大概就会变成一件理所当然的事。到了10年之后,二者则应该已经合二为一了。"

世界级的机器人发明家高桥智隆这样断言道。出于对《铁臂阿童木》的憧憬,他开始从事人形机器人的制造。他所制作的"希望机器人"在国际宇宙空间站完成了和宇航员若田光一的对话,成为世界上首个踏上太空的对话机器人。

他每天都一个人窝在实验室里,做设计、削木头,再以其为模板将塑料定型,亲手打造出一个又一个机器人。

"那些并不光鲜亮丽的环节,必须得自己来完成。"他如是说道。"我觉得最终还是要在个人的不断试错中取得进步。每一次失败之后,如果不身体力行、下苦功去寻找解决办法,就想不出新点子。"

"'只要交出好的作品就能得到全世界的认可',日本的这种制造模式已经不再可行了。我们必须得理解透庄家的规则。"他不失冷静地说道。

在对谈结束的一年半之后,我看到这样一条新闻:他与夏普公司共同开发的机器人手机产品开始发售。

那一刻,有一幕场景在我的大脑中回闪。对谈结束后,我偷偷地窥视了一眼他的工作间。工具和零件杂乱不堪地摆放在一起,那是一个非常有冲击力的生产现场。我深切地感受到：看似光鲜的表面背后，其实是"朴实而辛苦的努力"，我的心中涌起一股暖流。

理科 009　高桥智隆教会我们的事

机器人之所以必须是人形，是为了让人们能够倾注感情，把它们看作人，与它们进行对话。因此，它们不必孔武有力，也不必非得和人一般大小。

手机之后，我们将迎来的一定是小型人形机器人的时代。五年之后，同时拥有智能手机和小型机器人大概就会变成一件理所当然的事。到了十年之后，二者则应该已经合二为一了。

很多在机器人动画作品当中已经司空见惯的事情，在现实里其实还完全没有付诸实践。如果理科研究者与机器人动漫之间没有交流，只停留在某一边的世界里，那我们就永远制作不出能融入生活的机器人。

我觉得最终还是要在个人的不断试错中取得进步。如果不亲自动手，而是将这些工作交给别人来做或是转包出去，那么他们就会逐渐积攒起核心技术，可自己这儿却什么也留不下。

并非"只要交出好的作品就会有市场"，获利最大的还是那些构筑系统、制造规则的人。我希望自己能在理解这一点的基础上，继续做一个内容生产者。

理科 010

统计学家

西内启

"统计学是最强大的学问"
为了让每个人都能自然地运用数据，
在充满不确定性的时代做出最好的选择，
日本第一位统计学家
着力提倡统计学的有用性。

统计学家
西内启
HIROMU NISHIUCHI

1981年出生于日本兵库县。毕业于东京大学医学部（生物统计学专业）。历任东京大学医学系研究科医疗交流学领域助教、大学医院医疗情报网络研究中心副主任、哈佛大学丹娜法伯癌症研究中心（Dana-Farber Cancer Institute）客座研究员。现在正有效运用数据，在诸多项目当中开展调查、分析、系统开发以及人才培养工作。系列著作《看穿一切数字的统计学》《统计思维》（皆为日本钻石社出版）曾获日本商务丛书大奖，销量共计突破40万。另著有《我最想要的EXCEL数据分析书》（日本日经BP社出版）等多部作品。

©Kosuke Mae

统计学是最强大的学问吗？

川村 关于您，我这里有段有趣的经历：我基本是在靠着直觉和经验来工作，但读了您的畅销书《看穿一切数字的统计学》之后，我觉得自己的做法被您完全否定了，甚至从中体会到了一些快感。您是从小就喜欢做一些与分析有关的事情吗？

西内 小学高年级和朋友们一起玩超级任天堂（SFC）游戏机的时候，我也是不知不觉间就开始追求效率了。比如说在《勇者斗恶龙》这个游戏里打怪升级的时候，我听到传言说："怪兽出现在山间地图和草地地图的概率好像不一样。"于是我就开始确认到底哪个地方更容易升级……

川村 您是测着时间算出了概率吗？

西内 是的，那大概是我人生当中第一次进行统计解析吧。

川村 在我小时候，周围可没有像您这么奇怪的朋友（笑）。不过要是有个人能针对"在山那边好像更容易遇到怪兽"这种模糊的感觉做个统计，给出一个概率的话，大家就可以轻轻松松地提升经验值了吧。可这个过程又意外地麻烦，所以谁都没有去做。

西内 我可是兴冲冲地把分析结果分享给了朋友们（笑）。

川村 彼时那么喜欢游戏的一个少年，是怎么想到去读东京大学的医学部的？

西内 虽然名字是叫作医学部，可我念的其实不是医生课程，而是进入了"理科二类"这个系，学习与生物科学相关的知识。而之所以选择它，则是因为在高中时代，"人到底是什么"这个问题一直占据着我的心。当时我想：如果我从事脑科学和基因方面的研究，应该就能够找到答案。然而，真的进入了大学，开始学习专业知识、获取最尖端的信息之后，我却仍不怎么能了解人类。

川村 医学没能解决您的问题啊。

西内 是的。于是我转而将目光投向了文科里的心理学、社会学、经济学和经营学。当我开始学习这些学科之后，我发现它们更接近我想要了解的"人类"。不过另一方面，在当时的我看来，那些出现在电视里的文科学者总是在心平气和地说一些毫无根据的话。因此，刚开始的时候，我对课上所学的内容都持有怀疑态度。不过仔细听下来我发现，许多观点都是经过实验和调查得出。于是我才注意到了"统计学"这门在推导答案时经常被用到的学问。

川村 您当时就产生"我非这门学科不学了"的想法吗？

西内 是的。不过当我想要学习它时才发现，日本并没有统计学系或统计学专业。虽然进入工学部学习品质管理，或是进入经济学部学习资金流动时，也都会用到统计学，可到底跟我想学的不太一样。于是我开始寻找有没有哪门学科是在以人为对象开展统计学教学，得出的答案是"医学部"。医学其实是一个围绕人类展开全方位学习的世界，从微观到宏观都有所涵盖。

"统计学家"是一份怎样的工作?

川村 日本现在大概有多少自称"统计学家"的人?

西内 这个词的英文叫作"statistician",其实包括两类人:一类是研究统计学方法的"统计学者",另一类则是运用统计学展开应用型研究,或是助力实际工作的"统计学家"。不过在日本,应该没有多少人像我一样公然宣称自己是统计学家。

川村 是啊。现今,"大数据"这个词频频出现,任何一个企业似乎都必须将数据有效运用起来。所以有很多地方都设有数据分析部门,也有专门做这方面咨询的企业。虽然如此,可论及统计学家当中的自由职业者,我感觉您仍算是开天辟地的第一人了。

西内 最近出现了"数据科学家"这种新兴职业,指的就是那些进行大数据分析的人。可在我看来,我其实更希望大家都能把运用数据看作一件很自然的事情,希望普通大众也能应用它。我理想中的社会,是一个不需要数据科学家这个职业的社会。

川村 您现在都在一些什么样的企业里负责统计工作?

西内 各行各业都有吧。有 IT 公司、零售公司,服装公司的工作我也有所参与。举例来讲,有家大型英语会话培训班,我在帮他们分析学员们都是些什么样的人、会选择什么样的上课方式、每上一节课 TOEIC 的分数平均可以提高多少等问题。

统计调查结果的饼状图有意义吗？

川村 您的著作里面有一个统计结果给我留下了很深刻的印象。您说："在'画鬼脚①'这个游戏当中，大家一般都认为无论选择从哪里开始概率都是一样的。可事实上，从正上方出发命中的概率会更高。"这明明是理所当然的事情，大部分人却根本不知道。这个例子告诉我们：有些原以为"没有必胜方法"的事情，"其实是存在必胜方法的"。而我有时也会凭借经验和直觉去探寻这样的方法。

西内 经验和直觉确实非常重要。我在协助很多公司处理工作的时候都会提醒自己，切不可忘记一个大前提，那就是：关于这项工作，对方公司的人一定比我了解得更多。我想我的责任应该是将公司里悟性最高、直觉最灵敏的那个人所掌握的信息都落实成'核心技术'，从而让它们能为公司里的每一个人所用。

川村 也就是说要把经验和直觉井然有序地整理成数据吧。

西内 只不过那些凭经验和直觉取胜的人也会做一些无用功，所以我要把这些点也找出来，然后这样告诉他们："我从许多角度进

---

① 画鬼脚，又称鬼脚图，在日本称作阿弥陀签（あみだくじ），是一种游戏，也是一种简易决策方法，常被用作抽签或者决定分配组合。画法是在竖线的一端分别写上参与人，将需分配的事物或工作分成与人数的同等分后分别写在另一端。然后在每两个竖线相隔的区域，每个人任意的画上横线。每个人画横线的条数一般不限，但横线间不可交叉且横线不可横跨穿过两个间隔。——译者注

行了验证，发现您所做的事情当中，比起'这一件事'，'那一件事'的意义更加重大，所以我们可以在全公司推行。"

川村 确实，如果对公司里工作得非常出色的那个人展开分析，让大家共享他的工作模式并予以模仿，那么就可以造就一支所向披靡的团队了。

西内 是这样的。

川村 说到统计，我想到的就是用来表示调查结果的饼状图，上面一般都写着"非常好""好""一般""不好""非常不好"。很多时候我都会想："采集到这些大致的数据之后，又该怎样应用起来？"

西内 在有数据的情况下，却只是用模糊的感觉对其进行比较，这是一种浪费。比如在对您的电影进行统计时，就不应该止于"虽然原因并不明确，但这部电影的观众满意度比上一部要高"这样的统计结果。而是要进行一些能在下一步的工作中发挥作用的统计。

川村 确实，文科生身上可以观察到一种只要看到统计结果就心满意足的倾向。

西内 即使这部电影的观众满意度很高，是否就意味着它能带来很多利益？或者说备受好评、名留影史？这些问题都是需要考虑的。进一步讲，重要的是我们要在心里打好基础，要清楚自己到底想用这些数据做一个什么样的决定。

速断速决不利于弱者？

川村 人们有时会"不想把事情看得太清",统计学是不是在与之为敌？我感觉无论是在公司还是国家当中,越是高层人员似乎就越喜欢否定明确的根据。因为如果一件事情过于明晰,可能就会对他们不利。

西内 关于这个问题,有位行为经济学家写了一本叫作《思考,快与慢》(Thinking, Fast and Slow)的书。这里的"快"是指迅速做出决断,而"慢"则是指运用数据、仔细思考。书中讲到,要想做出合理的判断,明明应该是慢一些更好,但大部分人都会快速作答。

川村 以为所有的事情都速断速决比较好,这其实是一种误解对吧。

西内 虽然速断速决更省时省力,可事实上,没有什么经验的新手在向一些事情发起挑战时,很多时候还是慢一点下决定比较有利。如果很快就做出决定,则很可能只因为跟一个人相交已久就给予他信任,或者是在没有任何根据的情况下因循守旧、不愿做出改变。

川村 "快"对既得利益者们来说更有利吧。

西内 是的。这么一想,虽然将数据用于政治也是一个选择,但我还是更希望全体日本人都能够习惯去运用数据,并借此将人生引领向一个更好的方向。

川村 大家一般都认为数据是强者的武器，可实际上它更能帮助弱者取得胜利，我希望越来越多的人能意识到这一点。我很喜欢《点球成金》（*Moneyball*）这部电影。它是一部由布拉德·皮特主演的棒球电影，由真实事件改编而成。面对财大气粗、明星选手云集的纽约扬基队，一位年轻并没有经济实力的运动员利用数据网罗起一批选手、组成队伍、与扬基队展开了难分胜负的角逐。

西内 在向选手们传授取胜方法的时候也是如此，如果能运用统计学确定一套规则，就能省下很多力气。还有就是，在世事变迁如此之快的今天，那些曾在某一时期起过作用的直觉或许很快就会变得不再奏效，抑或是跟不上变化的脚步。

川村 就像是有的击球手会突然打不出好球一样。

西内 这种情况在产品开发等领域也时有发生。"无意之间，十分高调地实施了一些偏离市场的行动"，这类事情在很多企业当中屡见不鲜。而究其原因，是因为在这些领域当中决定胜负的，都是一些很难靠直觉发挥作用的环节。这种时候，数据就能成为有力的支撑，或者是成为能暂挡风险、提醒自己留心的防波堤。

川村 我感觉统计学不仅能帮我们做好一些事，在我们状态不好的时候，它还可以帮助我们找回状态。

西内 接下来要讲的虽然只是我的假设，可也能印证这一点。如果有一个平时安打率为 30% 的棒球选手，当他连续两场比赛都没能打出安打时，他可能就会觉得"自己是不是状态不好"，从而选择变更击球姿势。可 30% 的安打率也就意味着有七成的概率打不出。这样看来，在一个赛季当中，不巧连续两场比赛都没能打出安打也属于正常情况。因此，如果他宽慰自己这种情况是正常的，不沉溺于不好的情绪，那么还是有机会再打出好球的。

川村 我也注意到过分的沉浸或拘泥很多时候确实会造成不好的影响。对这位选手来说，重要的是需要承认打不出安打的情况占到了七成吧。

您能教我们一些"让人茅塞顿开的统计学知识"吗？

川村 除了这一条之外，还有什么能"让人茅塞顿开的统计学知识"吗？

西内 有的书当中也提到过这个例子：2002年，在时任美国总统布什的政权领导下，美国教育系统通过了"不让一个孩子落后"法案（No Child Left Behind Act），并对关于教育的分析结果进行了彻底的整理。当时出现了这么一个状况：官方采取了"给优秀教师发放成功奖励"的尝试，然而结果却导致学生们的整体成绩下降了。

川村 在日本电影界也发生过类似的事情。有人曾提出一个模糊的意见说："美国的电影票只要1000日元（约合60元人民币）左右，日本却要卖到1800日元（约合108元人民币），未免太贵了。就是因为这样，电影院的观影人数才没法上涨。"于是，某一地区展开了为期一年的尝试，下调了电影票的价格。这么一来，刚开始的一段时间观众量确实是增多了。然而一年过去之后，总观影人数却与进行该尝试之前几乎持平，因此收入反而是变少了。真不知道那个主张"下调票价客流就会增加"的人，到底是以何为根据的……

西内 是啊。

川村 "事实胜于雄辩"，这句话真是所言非虚啊。

西内 应战之时，我们必须得举出实例才行啊。

川村 您即使是和别人吵架，也绝不会在论据这方面败下阵来吧？

西内 我不怎么吵架的（笑）。不过有些人确实是无论收到多少劝告，都会执意选择通往不幸的那条路。

川村 是啊，就像战争，大多也都是由那些不听劝告的人引起。

西内 从统计学上来看，战争几乎是彻头彻尾的赔钱生意。另外，我家有一个孩子，而关于孩子的早期教育，有数据显示：因早教而产生的 IQ 差距，在孩子长大之后基本不会继续存在。

川村 也就是说早教是没有意义的是吗？

西内 最近，比起 IQ，大家开始更注重让孩子养成自控的习惯。有数据显示：懂得自律的孩子，无论是退学率、失业率还是犯罪率都要更低，并且能够度过更为丰富的人生。

川村 到底是私立学校比较好还是公立学校比较好，讨论这个问题时，我们也不该含糊其词，而是要靠数据说话吧。

西内 我一路以来念的都是公立学校。

川村 我也直到高中都念的是公立学校。不过我小学的时候有个朋友，有天告诉我说他要准备小升初考试，突然就不能再跟我一起玩了。他拼命学习，考进了一所有名的私立中学，而我则进入了本地一所尽是不良少年的公立中学。然而几年之后，我和那位朋友在同一所大学里相遇了。那一刻，我的心情真是非常复杂。

西内 拼尽全力不代表就一定能得到最好的结果，统计学正是一门能让我们感悟到这个道理的学科。

您个人想在什么领域展开统计工作？

川村 不谈工作，只出于个人兴趣的话，您今后有没有想在哪个领域展开统计工作？

西内 您可能看不出，但其实从中学时代起一直到开始工作之前，我一直在做音乐。最开始是用贝斯作曲，到了大学时期，则一边在做乐队，一边参加了其他大学的福音音乐①社团，在里面唱歌。

川村 您一个学统计学的人居然会唱福音音乐？

西内 是的（笑）。当时我已经被东京大学的研究生院录取了，心里则还存在一个愿望，那就是希望我们乐队能够得到参加唱片公

---

① 福音音乐（Gospel Music）是一种宗教音乐，主要强调有节奏的器乐伴奏和即兴演唱。文化起源 20 世纪早期美国，曲风起源基督教圣歌、黑人灵歌。——译者注

司甄选的机会。当时也取得了不错的进展，有公司的高层来看过我们的演出，可给出的评价却是："虽然也还不错，但主唱没什么魅力。"而我之所以会加入那个社团，也是想着能不能在里面物色到一个无论是在视觉还是歌喉上都突出的人才。

川村 我也是从小就很喜欢音乐，几乎和对待电影不相上下。我一直是在乐队里做吉他手的，不过弹得也不算特别好……就放弃了这个梦想（笑）。

西内 我之所以要讲到这个话题，是因为在去接受甄选之前，我彻底地分析了一下当时有可能流行的音乐流派。那时，在网络上可以查询到过去20年里进入过Oricon音乐排行榜[①]的歌曲。所以我把它们全部按流派进行了分类，去观察一些问题，比如说里面到底有怎样的趋势……

川村 您得出了什么样的统计结果？

西内 小结论的话得出了很多，最主要的发现是：某一流派的歌曲，从出现在前100名到完全消失，周期大概是12年。

统计学能打造出大热歌曲吗？

川村 说起来，您还记得自己买过的第一张CD是什么吗？

---

① 日本最具知名度的音乐排行榜。——编者注

西内 讲起来有点儿不好意思，是 m.c.A.T 的说唱歌曲 *Bomb A Head!*。

川村 好怀念啊！这首歌真的让人回想起一个时代。

西内 买那张 CD 的时候我还在上小学，还不太懂里面唱的是什么。而大众似乎也都把它当作一个偶然爆红的作品，第二年、第三年都没再有类似的歌曲出现。不过在那之后，一些"虽然没有大红，说唱的实力却不错"的地下歌手陆陆续续地出现了。到了我上高中的时候，则已经有一些人开始以说唱歌手的身份正式出道。

川村 *Bomb A Head!* 出现得太早了些啊（笑）。确实，很多情况下，一首离经叛道的热门歌曲可能要等到数年之后才崭露头角，成为一股席卷全体乐坛的风潮。

西内 回顾这一段经验，它也能印证"12 年周期论"的正确性。也就是说，在音乐界里也存在这样一种状况：一旦有一种流派大获欢迎，并且人们在过长的时间里一直去复制它的成功模式，那么就很难出现让人耳目一新的革新者，下一代的音乐人将很难创作出有自身特色的音乐。

川村 我觉得音乐界或许已经陷入这种状况当中了。

西内 不管怎样，我想从我开始追溯 Oricon 二十年来的榜单开始，我就已经想要通过统计学搞清楚"音乐"，以及"人气""品味""创造力"等内容了。

您准备如何推广统计学？

川村 要是您能用数据推算出在早安少女组、AKB、桃色幸运草之后，下一次我们将迎来什么样的偶像就好了。我真希望您能推出一个"统计学偶像"组合。

西内 我也感觉到，要想让每个人都把运用数据当作一件理所当然的事，要想让大家知道"在这个充满不确定性的时代里，数据能帮助我们选择出最好的那个答案"，那么就必须得借助音乐等具有创造性表现形式的力量。这里我想举一个例子。为了禁止十多岁的青少年吸烟，美国曾举办一场宣传活动。然而数据显示，吸烟的年轻人叛逆心理都比较强。因此，如果从正面进攻，告诉他们"不要吸烟"，则会被抵触，产生不了什么效果。

川村 面对一个越说不让他们吸烟反而就越想吸的群体，确实是会变成这样。

西内 是啊。不过这支队伍当中除了研究人员之外，还有一些市场专员。上级给他们下达的指示是："你们要想出一个方法，让他们越是反抗就越是不想吸烟。"于是他们设计出一位虚拟的"烟草公司高层"的角色，写出一个他欺骗十几岁的年轻人去吸烟的剧本，用图像和视频的形式讲述了这个故事。结果，年轻人们都彻底反抗起来，表示"谁要去吸烟"，吸烟率得到了下降。

川村 毕竟在烟盒上标注患癌风险虽然有用，但未必会一直奏效啊。如果能将统计学和创造性有效结合起来,能做到的事情应该也会更多吧。

西内 最近,我又成立了一个专门制作分析工具的公司,与负责统计业务的公司分开运作。我在想,当有不善于分析的人想要对手里积攒下来的数据进行分析,以解决"消费额高的客户和消费额低的客户之间到底有什么区别"这个问题时,如果有一种工具能够告诉他们答案就好了。"只需要点击三下鼠标就能够得出答案",我们现在正致力于制作出这样的一种分析工具。并且,关于分析结果我们也想用自然语言进行描述,而不是用图表或数字来表示。

川村 确实,毕竟如果只是对着数字,文科人士还是会觉得束手无策啊。

西内 这就又要谈回游戏了。《勇者斗恶龙》里面,下方的小窗口里会出现"52 点伤害"的提示。那也是一句话,而不是用图表表示的,所以大家才更容易接受吧(笑)。

(2015 年 12 月 于东京・神保町・集英社)

复习

西内启先生身着西装、拿着一个医生包,出现在了约定的对谈地点——集英社。这位"统计学家"的登场方式像是一位医生。

"我希望全体日本人都能够习惯运用数据,并借此将人生引领向一个更好的方向。"童年时,他曾统计出《勇者斗恶龙》里遇到怪兽的概率,并将结果分享给朋友们。这样一个少年,成长为了日本第一位统计学家。

"我要将公司里悟性最高、直觉最灵敏的那个人所掌握的信息都落实成'核心技术',从而让它们能为公司里的每一个人所用。"

他将经验和直觉都当作数据,对其进行收集和分析,使得人人皆能用之。其中根本,是因为他相信"统计学之所以存在,就是为了给人们带去幸福"。虽然大家往往认为数据是强者的武器,可实际上,它是为了帮助弱者取得胜利而存在。

"我的理想是能自下而上,构建起一个人人都能自然地利用统计学,而不存在专门的统计学家的世界。"他如是说道。

然而,人们终究还是不愿直面证据。

"事实胜于雄辩"为大众所无视,人们依靠感性采取行动,错误被不断重演。时至今日,我们还经常能听到"在观察中进步""失败是成功之母"等并无根据的话。不知不觉间,这个世界变得只对强者有利。"从统计学上来看,战争是彻头彻尾的赔钱生意",西内启先生的这句话,在对谈结束之后也一直长存于我心。

理科 010　西内启教会我们的事

我的责任应该是：将公司里悟性最高、直觉最灵敏的那个人所掌握的信息都落实成'核心技术'，从而让它们能为公司里的每一个人所用。

运用饼状图中显示的结果时，重要的也是要在心里打好基础，要清楚自己到底想用这些数据做一个什么样的决定。

在世事变迁如此之快的今天，那些曾在某一时期起过作用的直觉或许很快就会变得不再奏效，抑或是跟不上变化的脚步。这种时候，数据就能成为有力的支撑，或者是成为能暂挡风险、提醒自己留心的防波堤。

有数据显示：比起孩子的早期教育，让孩子养成自控的习惯更为重要。孩子在学会自律之后，无论是退学率、失业率还是犯罪率都要更低，并且能够度过更为丰富的人生。

拼尽全力不代表就一定能得到最好的结果，统计学正是一门能让我们感悟到这个道理的学科。为了让每个人都把运用数据当作是一件理所当然的事，让大家知道，在这个充满不确定性的时代里，数据能帮助我们选择出最好的那个答案，我想让更多的人了解这门学科。

理科 011

LINE 董事 CSMO[①]

舛田淳

LINE 的每月使用人数高达 2 亿，
在这里，
身为策划人的他将科学与艺术相结合，
把"朝令夕改为佳"当作口号，
带领一个因势而动的理科团体走向世界。

[①] Chief Strategy & Marketing Officer，首席市场战略官。——译者注

LINE 董事 CSMO
舛田淳
JUN MASUDA

1977年出生于日本神奈川县。2008年入职于 NAVER Japan，任事业战略室长、Chief Strategist（首席战略官）。2012年，因 NHN Japan 集团旗下的三家公司合并为一家，其作为 NHN Japan 公司 LINE、NAVER、livedoor 的事业战略和市场负责人，就任执行董事、CSMO（Chief Strategy & Marketing Officer，首席市场战略官）。2013年，NHN Japan 更名为 LINE。2014年，就任 LINE 高级执行董事、CSMO。于2015年4月起担任现今职务。

©Kosuke Mae

舛田淳

LINE 是由一群什么样的人做起来的？

川村 我与您之间的交集，是从 2012 年 MAGAZINE HOUSE 出版社的编辑带着我写的第一部小说《如果世界上不再有猫》找到您时开始的吧。当时您提议说："写得挺有趣的，就让它成为 LINE 的第一本连载小说吧。"从那之后我们就有了联系。

舛田 那会儿完全是一时兴起啊（笑）。

川村 只因为"有趣"这个理由，就接受了一本声名不显的作品，这也让我很是吃惊，感觉到 LINE 确实是一个非常随性的公司。虽然时至今日我的这个印象依然没有改变，但应该有很多人都把 LINE 看作一个 IT 企业，他们或许会觉得 LINE 是一个极具战略性、在生意场上态度非常严肃的公司吧。

舛田 确实有些人对我们公司抱有这种印象，不过 LINE 的企业文化绝不是那样。今天我就要跟您分享一下 LINE 独到的"柔软"之处。

川村 LINE 有一个主要由程序员构成的理科团队，而您是将他们集结在一起的策划者。那么我首先想问您，LINE 现在的用户数量大概是多少？

舛田 日本用户有 6800 万人，全世界的月活跃用户大约为 2 亿 1500 万人，现在主要是以亚洲为中心在发展。

川村 这可真是一个了不得的数字……当初以您为首的初创团队

里都是一些什么样的人？

舛田　现在的 LINE 是由三家公司合并而成，分别是韩国的网络游戏社群网站"Hangame"、同样来自韩国的搜索引擎"NAVER"，以及您也知道的"Livedoor"。先是包括我在内的"NAVER"日本法人想要与谷歌和雅虎一决高下，结果在日本市场惨败了。于是我和其他高层们一起下达指令，要求大家围绕手机软件想一想，看看还能提供什么新的通信服务。之前惨败了的团队当中有三位女员工，她们苦思冥想之后，几乎是一边掉着眼泪一边做出了LINE 的主要内容（苦笑）。

川村　原来不是"七武士①"，而是有三位女武士啊。

舛田　那时候正赶上东日本大地震，社会趋势出现了变化。在那之前，人们一直在运用网络技术将一个人和他素不相识的人们联系起来，但我们意识到："不应该是这样的吧。人们现在忽略了和身边人的关系，可其实这才是更重要的不是吗？"于是我们找来一些开发和设计方面的王牌级人才，组成了一支十多人的团队，开始了工作。

川村　即使有十个人也还是不够吧。你们那时采取的是游击式作业吗？

舛田　是的。而且，我们的项目是从 2011 年起步的，最开始定下的目标是要让用户数量突破 100 万。然而实现目标的过程实在很

---

① 《七武士》是由黑泽明执导，三船敏郎、志村乔、津岛惠子等参与演出的一部动作片。该片主要描写了日本战国时代，贫穷家村百姓为保卫家园，与雇来的七位武士联手击退强盗的故事。——译者注

艰难，刚开始的一两个月用户数量完全没有一点变化。虽然当时公司内部也存在一些反对的声音，但还是有一部分员工参与了这个项目，我们其实有点像在公司里又做了一个风险企业一样。不过从常理来讲，要想在已经有了 Skype、推特和脸谱网的市场当中打下一片江山，确实是一个成功的可能性不怎么高的项目。不过也正因为如此，我才觉得这里面存在机遇，开始着手去做。

用户群体是怎样壮大起来的？

川村 用户数量完全没有增长的那段时间里，你们采取了怎样的行动？

舛田 虽然我个人很不喜欢这种作战策略，但我们当时也有尝试过类似于"注册会员即送礼物券"之类的宣传手段。不过我们虽然准备了 20 万份，最后却有 12 万份都没能发出去（苦笑）。

川村 这种方式失败了啊（苦笑）。那么 LINE 最终是怎么火起来的？

舛田 刚开始我们只和手机的电话簿进行了联动，用来一对一地发信息。因此，虽然推特上也有人说这个软件很好用，但没能起到口口相传的效果。但在那之后，我们又增添了"表情""免费电话"等功能，这引起了大家的关注，渐渐地大家都知道，有一个很方便的通讯软件，在上面可以发很多奇怪的表情包，还能免费打电话。那个时候，在推特上或者是使用 LINE 的"邀请朋友"功能帮我们做宣传的人开始多了起来。

川村 最后还有没有什么"制胜一击"？

舛田 对口碑进行分析的话，就会发现在引起热议之前一定是先出现了一个话题。于是，LINE 的第一支电视广告请到了艺人 Becky 出演。借助她的台词，LINE 的价值得到了推广。之后，LINE 因为是"Becky 做了广告的软件"，认知度得到了提升，人们口口相传，注册用户的数量突破了 1000 万大关，一些商务人士也终于开始使用它了。

川村 在网络世界里口碑确实非常重要，可 LINE 对口碑形成原因的分析，才是它取得突破的关键吧。

舛田 最初我们实在太喜欢用推特了，太过执着于它，一直在这上面跟人们交流。然而，哪怕有一万个人给我们点了"赞"，哪怕我们的内容被"分享"了一万次，认知度终究还是不高。要想形成口碑，最终还是要靠坚定的意志。如此，说出的话才会有这般力量。

川村 "坚定的意志"是吗？

舛田 是的。当然，这背后我们也一直在考虑要怎样做才能让数据上涨。然而，"善于对付数字的人"不是只要能准确地认识数字，或者能全盘接受这些数字就够了，还需要能根据数字来对人们的下一步行动做出预判。在我看来，做市场营销时科学和艺术都不可或缺，我们必须得有一个能综合运用二者进行思考的大脑。

舛田淳

LINE 和脸谱网的区别在于？

川村 其实我既没有推特账号也没有脸谱网的账号。在一个公开的场所与很多人产生联系，当中还有很多是根本不认识的人，我不太擅长应付这种情况。我现在也还会背包旅行，所以如果是和认识的人合宿在一些小旅馆之类的地方倒也还好。可如果是在网络上和一些素未谋面或是并不怎么了解的人联系在一起，对我来说还是挺可怕的。可即便是像我这样的人，也从 LINE 的起步阶段就开始使用它了。对我来说，发 LINE 和交换书信的感觉差不多，不会给我带来生理上的不适感。

舛田 从这个角度来说，LINE 正是希望给大家提供一个可以"实时"和现实世界中认识的人，进行真正交流的场所。如果没有推特和脸谱网的话，我想也不会有 LINE 的诞生。

川村 确实，LINE 的作战方法跟其他通讯软件完全是背道而驰啊。在脸谱网上，大家都在拼命展示自己的工作、主张以及交友状态，我听说有些人的账号看起来简直像是另一个人格。

舛田 除了这些，就是在讲"又去哪家店吃了饭"之类的事情。有时则会为了发布些内容而特意去米其林餐厅吃饭，弄不清到底哪个才是"方法"，哪个又是"目的"。可事实上，无论是发的人还是看的人都会觉得很累吧。

川村 我在写《亿男》这部小说的时候，曾去书店调查了一下跟

"钱"有关的书,结果全是些"如何成为亿万富翁"之类的内容。但我当时就想道:"比起成为亿万富翁,我们更应该思考的是要怎样和金钱保持距离并变得幸福吧。"因此我有时就在想,在脸谱网上发一些高级料理或度假村的照片,或许反而会让自己离幸福更远,又或者朋友们看到这些照片之后也有可能会与你疏远。而我感觉LINE似乎直直击中了这个矛盾。

舛田 脸谱网的创始人马克·扎克伯格曾提出过这样的新锐言论:"我想把全世界70亿人都联系在一起。"这当然也是一个很棒的想法,迄今为止,网络与科技也都在尽最大的努力去实现这一目标。然而仔细想一想,难道不会有点恶心吗?将这个场景可视化的话,所有人就都是手牵着手的状态了。在这些人当中,肯定也会有你不怎么喜欢的人存在。

川村 或许还会有危险的人和不怎么喜欢我们的人。

舛田 是的。我觉得应该不是所有人都觉得这是一种令人愉快的情况。对普通人来说,大家总是拥有着一块小小的私人领域,这是不容别人入侵的地方。不必一定要将70亿人都联系在一起,而是要在全球孕育出无数"一对一"的关系以及家人般的相处方式,这就是LINE理想中的世界。

舜田淳

LINE 在技术开发方面以何为重？

川村 开始使用 LINE 之后，首先让我感到惊讶的是，LINE 上的对话节奏做得非常好，让人感觉很舒服。对话或打电话都是即时交流，如果是邮件交谈的话，则要等待信号闪烁一些时候才能发出去，这会让我感到有压力。可 LINE 就有所不同——在 LINE 上打出的内容立刻就能出现在对方的屏幕上，而且对方看了这条消息之后，还会立刻显示为"已读"。

舜田 这里有一个大前提，就是 LINE 是一个封闭的环境，因此我们会想尽办法去掉不必要的部分。比如说，邮件里的"主题"在 LINE 里就不需要写。在日本，LINE 当中交谈的界面叫作"Talk"，这个名字传达出我们的期望：我们希望大家能像平时说话一样在 LINE 上交谈。而如果不知道这条消息对方是否"已读"，就不可能保证对话的实时进行，从根本上讲也就和邮件没什么区别了。

川村 LINE 既用设计精简了信息内容，又发明了"已读功能"这项技术。

舜田 在设计"表情"时，我们也一直在摸索：到底要做成多大才能让对话保持一个好的节奏？我觉得我们的表情功能能做成今天这样，真是多亏了设计团队和技术团队的功劳。

川村 同一时间会有数千万人在使用 LINE，因此我想应该需要非常厉害的技术,才能保证信息的流畅传递吧。

舛田 支持LINE运作的基础技术虽然并没有那么引人注目,但我们可以很骄傲地说,它处于世界一流的水平。比如说,在初期的时候我们就有想法,考虑将表情做成动画或者是给表情加上声音。然而如果不能让用户体验到舒服的节奏感,只注重增加内容的丰富程度,那么就和邮件无异了。于是,我们花了一些时间才推出了这些功能。

川村 "这个功能让人很舒服,那个却不怎么好",您的这种判断能力对LINE来说也是不可或缺的吧。

舛田 并非全部都是我自己做的判断。不过我们是一个把理想具象化了的公司,会给自己确定下目标说:"要提供'这样的'服务和体验",因此,我们的团队必须发挥出人意料的创造力才行。我们公司在任何一个领域都不会给自己设置"前提条件"。说到我在公司里发挥的作用,其实我既不写代码也不做设计。我只是把我们需要提供的服务和体验用语言描述出来。在第一线工作的员工们会从各自的角度跟我讲些事情或分享灵感,这些内容就像是一块块拼图,而我的工作就是将它们拼成一个完整的故事。在这个过程中,也需要我用感觉去判断一个功能到底是让人感到"舒服"还是"不舒服"。

舛田淳

您有什么做出成功企划的秘诀吗?

川村 我感觉您做事的方法怕是同我很相像。我在制作电影的时候,也会一边寻找展现出编剧、导演以及演员创造性的地方,一边用语言将其传达出来。比如,我会对他们说:"把'这个'和'那个'结合起来,然后'这样'处理一下,就会呈现出'那种'有趣的效果。"

舛田 确实是挺像的。除此之外,我还经常对员工说这样一句话:"一个人只要会做加减乘除,他就能够做企划,就有可能做出一番事业。"面临某种事态时,我们做些加法就有可能渡过难关,做些减法就可以让事情更简单,做些乘法则能将已有的规模扩大……如此种种,大多数情况下,只要我们将方法总结出来再用数学思维进行思考,无论是做什么事情,我们都可以做出一番成绩。

川村 您这种创造性思维可真是非常有数学特色啊。

舛田 一上来就去解方程式或者做因式分解是很难的,但如果是四则运算这种难度的题,任谁都有能做得出。比如说,让我们把人、物、点子、环境全都看作可以累加的图层,我们可以先从这里取一层,再从另外的地方取一层放上……重复这个过程,将它们一层层叠加,就可以渐渐做出一个轮廓来了。大概就是这样一种感觉。

川村 我在创作小说的时候,也会采取类似的做法。我会先确定一个自己想写的主题，然后搜集大量的资料，进行图层的叠加，最后再让它们之间做乘法，或是将某一部分整个抽掉。通过这种方法，我会逐渐发现我想写的内容到底有一个怎样的轮廓，之后会再由此开始写作。

舛田 我认为做到极致是很重要的，比如说加的话就加到最大限度，减的话也要尽可能减掉最多。毕竟我们要挑战的是全世界的巨头服务商们，采用寻常的方法肯定敌不过。因此，为了让我们的服务实现从 0 到 1 的诞生，哪怕十次里面只有一次能成功，我们也必须反复打响游击战。

川村 可现在 LINE 已不再是一家成长型企业了，渐渐地也失去了犯错的权利，在公司内部，难道不会更欣赏那些勤勤恳恳、一步一个脚印地前行的人吗？然而现实中存在的问题却是：如果采取这种做法，和其他公司特别是海外的公司对峙时，LINE 将很难取胜。

舛田 比起实际的取胜概率，勤勤恳恳的工作方式在逻辑上看起来似乎更正确。然而我不仅要一步一个脚印地往上走，还要大搞破坏（笑）。毕竟只靠逻辑的话，人是绝对登不上月球的。

在 LINE 接下来的路上，有什么是不可或缺的？

川村 苹果、谷歌、微软、脸谱网，这些 IT 企业无一不有自己的个性，在我看来这是非常厉害的。要想跻身其列，您认为 LINE 现在还需要些什么？

舛田 说到底还是"存在感"的问题吧。如今，无论是时代还是用户都在变化，即使某一领域存在明显的需求，能让公司获得加法规模的利益，可如果其中的利益到不了乘法规模，那我们就不去做。有几次我们已经做了很多准备，可因为想到"LINE 现在正处于做乘法的时期"，又在最后关头放弃了那个项目。

川村 现在 LINE 需要的只是"决胜一击"，其他举动都没法再强化它的存在感了吧。说起来，我听说 LINE 最近也开始向游戏方面发力了？

舛田 日本的网络公司很少有说"我就只做这个领域"的。DeNA① 在涉足游戏行业、开始做手游之前，也做过社交网络服务（SNS）和电子商务（EC）。

川村 不过，只是在日本，LINE 现在就已经是一个拥有 6800 万用户的大平台了，这种情况下，要想改变公司的服务范围恐怕绝非易事吧？

舛田 我们是不太在乎这一点的。有记者来采访时，我也一直跟他们讲："哪怕我们今天说不做，明天也可能又说要做了。"我认为当潮流到来时，我们要认真考虑该怎样应对。

川村 我最近的生活也可以用"优柔寡断"这个词概括。我认为在当今这个时代，"柔软"是一种很重要的品质。当想法变得固执

---

① DeNA 是世界领先的网络服务公司，业务涵盖社交游戏、电子商务等领域。——译者注

起来，反而容易做出很多错误的判断。从前大家都认为沿着一条路走下去比较美好，可如今变化层出不穷，如果还这么做的话，我感觉可能会导致自己无法再和世界及他人好好交流。

舛田 巧了，我也经常对员工说："朝令夕改为佳。"当我们获知的信息发生了变化时，如果我们不随之做出改变，那是不对的。一直以来，我们公司都不对业务做规划，当中也有为了防止公司变得死板这层考虑。一旦做了计划，不管自己朝着哪个方向前进，只要出现了偏差，就都会把它当作不好的事情。对于有些有必要倾听的"杂音"，大家也会置若罔闻。不管怎么说，即使已经下了一个决定，我们也可以随时变更，这种处事方法风险是最低的。而且这样一来，就像是猜拳时晚些出手一样，我们能做的选择也更多了。

日本的理科人士们做出了改变？

舛田 我们国家一路走来，虽然经历了泡沫经济破灭的局面，社会环境和结构却也没有发生剧烈的变化。不过，之所以能做到这一点，是因为过去日本一直都只是在国内开展竞争。时至今日，许多来自国外的产物已经打入了日本，而日本人开发出的技术也有很多被冠上了别国的名字。这种情况下，如果再不做出改变，日本的处境将变得很艰难啊。

川村 在这次的系列访谈当中,我采访过多玩国公司的川上量生先生,他告诉我:"最好的取胜方法是不战而胜。"这句话给我留下了很深的印象。明明应该尽量去寻找敌人更少的地方,在那里开疆扩土,可日本人却有一种习惯——偏要往敌人最多的地方扎。而在寻找取胜方法、摸索规则这方面,由于日本人过往只在国内打斗,本就很可能处在劣势。

舛田 我感觉理科人士们或许已经做出了一些改变。举个例子,日本过去一直是在拿技术、参数来跟别的国家比,可现在,只靠这些已经无法保证我们的胜利了。于是经常有人来问我这类问题:"我们该怎么做才能让用户获得更好的体验,从而增加产品的附加价值?要想实现这一目标,又需要怎样的技术?"

川村 也就是说,现在的问题是能不能让消费者喜欢上我们的技术、商品或服务,能不能让大家产生感情、培养出稳定的用户群吧。我想无论是从事什么工作,都是因为有了这些,大家才能够收获共鸣与感动。

理科是怎样应对国外形势的?

舛田 在互联网行业工作,就经常被问到这样一个问题:"您怎么看待国外的形势?"可说起来,到底什么是"国外的形势"?

川村 毕竟互联网的世界本是无国境的啊。

舛田 我感觉即使是到了今天,还是有人把国外企业看作"黑船"①啊。

川村 就拿苹果公司来说,它虽然发源于美国,但其用户已经遍布世界了。

舛田 说到这个,我们公司投资了原宿的一家尚处于起步阶段的公司,它的名字叫作 TRANSLIMIT。这家公司接连发行了《脑力大战》(*Brain Wars*)和《脑点点》(*Brain Dots*)这两款益智游戏,目前全球下载量已经突破了一千万。公司的法人是个 20 多岁的年轻人,最开始只有三个人。虽然现在公司里也不过只有几十名员工,但值得一提的是,一千万的下载量当中只有很少的一部分是来自日本用户。也就是说,在创作当初大家考虑的就是如何能在全世界收获大量玩家。

川村 这可真是一支可靠的团队啊。

舛田 创业之后的第一部作品就敢于面向"世界市场",我是觉得他们挺厉害的。先是在日本市场取得成功,之后推向美国等海外市场,这样的例子以往已经出现了很多。可 TRANSLIMIT 的年轻人们放弃了这条经验法则。

川村 而且如果在国内取得成功之后再转向海外,有些经验反而可能会变成障碍吧。我觉得铃木一朗选手之所以能在美国职业棒球大联盟(MLB)上大获成功,也是因为他根据美国棒球运动的风格不断调整自己的击球动作。

---

① 黑船事件是指 1853 年美国以炮舰威逼日本打开国门的事件。——译者注

舛田 果然还是要像水一般不拘于形、变幻无常才行啊。

十年后的 LINE 会变成什么样子？

川村 对于崇尚"变幻无常"的您来讲，我接下来的这个问题可能有些冒犯了。您觉得十年之后，LINE 会在做些什么？

舛田 这可真是一个毫无意义的问题（笑）。

川村 是啊（苦笑）。

舛田 不过，接下来用户们肯不肯为内容付费，这门生意能不能做起来，对于这个问题我是挺有兴趣的。大家现在都觉得"互联网＝免费"，网上到处都是不需要花钱的服务，可接下来的日子里，应该会有很多 VIP 服务出现吧。事实上，在中国等地已经是如此了。

川村 那么对 LINE 来讲，国外会员的数量还有可能会再增加吗？

舛田 关于海外市场，我们在考虑凭借"精准的定位"来斩获最高的市场占有率。目前我们把重心放在了亚洲地区，特别是印度尼西亚。在这些地方，无论是互联网还是智能手机都在迅速普及，语言也是各不相同，因此我感觉很适合 LINE 开展通信服务。

川村 在开拓市场的过程中，您有什么独一无二的必胜法宝吗？

舛田 对于那些过分认真、思想顽固、认为某件事情"不这么做就不行"的人，我很喜欢找到能触动他们的点，做出提议，让他们意识到"其实不这么做也可以"。比如,哪怕是不喜欢网络世界的老奶奶,当她知道网络能用来和孩子、孙子进行交流之后,也有可能立刻就会觉得"智能手机和LINE真是个好东西"。

川村 是会有这种事情发生啊。

舛田 从这个意义上来讲,迄今为止的网络服务面向的只是一部分核心人群,而随着智能手机的普及,越来越多的普通人都拥有了高科技产品,网络也终于实现了真正的普及。现阶段,人们终于可以自由地选择网络服务和设备了。作为我们LINE来讲,则要考虑接下来要怎样才能发展成"大众型服务",要思考该怎么做才能打开那些尚未接受我们的心。对我来说,这个过程挺快乐的,而且一旦想到办法,我们应该就可以取胜了。

川村 是要住独门独户的房子还是公寓,是要吃快餐还是高级餐厅……就和这些问题一样,人们终于也要对网络内容进行分类、在日常生活中对它们做出选择了。我很期待,在这样的环境当中LINE会朝着怎样的方向发展。

舛田 嗯,终归还是要靠"朝令夕改""变幻无常"啊(笑)。

(2015年9月于东京·涉谷·LINE)

舛田淳

复习

第一次见到舛田淳先生,是在 2012 年。读了我的第一本小说《如果世界上不再有猫》之后,仅仅出于"挺有趣的"这个理由,他就决定在 LINE 上进行连载。没有经历由上而下的会议,他立刻就做出了决定。我至今都会回想起这件事。

"如果没有推特和脸谱网的话,我想也不会有 LINE 的诞生。"

过去的网络世界中一直把"一对多"的联系当作正义,他则建议重视"一对一"这种自古有之的交流方式。

"科学和艺术都不可或缺,我们必须得有一个能综合运用二者进行思考的大脑。"

免费电话、已读显示、表情功能。他将理科思维和文科思维联系起来,充分进行了理解,并利用优秀的交互设计还原出有真实感的对话。由此,对世界上的许多人来说,LINE 成为必不可少的交流手段。最开始不过是由十多人发起的"游击战",可如今他们已经在迈着坚实的步伐向海外进发。

"其实任何事情都不是非按照一种方法去做不可,规则和政策都应当与时俱进。当潮流到来时,我想要认真考虑该如何应对。"

公司的指导方针看起来让人有些不得要领,却也正是"柔软"的证据。说着"朝令夕改为佳"、有着"柔软的野心"的舛田淳先生,到底会顺应时代、引领 LINE 走向何方?会不会终有一天,

LINE将与苹果、谷歌、脸谱网比肩而立？

我关注着LINE的动向，愈发舍不得放过一个细节。

理科011　舛田淳教会我们的事

在东日本大地震发生之前，人们一直在运用网络技术将一个人和他素不相识的人们联系起来。但在那之后，社会趋势出现了变化，大家意识到："我们现在忽略了和身边人的关系，可其实这才是更重要的。"于是 LINE 应运而生。

然而，"善于对付数字的人"不是说只要能准确地认识数字，或者能全盘接受这些数字就够了，还需要根据数字来对人们下一步的行动做出预判。

面临某种事态时，我们做些加法就有可能渡过难关，做些减法就可以让事情更简单，做些乘法则能将已有的规模扩大……一个人只要会做加减乘除的运算，他就能够做企划，就有可能做出一番事业。

勤勤恳恳的工作方式在逻辑上看起来似乎更正确，但只靠逻辑的话，人绝对登不上月球。

朝令夕改为佳。当我们获知的信息发生了变化时，我们也必须做出改变。

迄今为止的网络服务面向的只是一部分核心人群，而随着智能手机的普及，现阶段，人们终于可以自由地选择网络服务和设备了。作为我们 LINE 来讲，接下来的任务则是怎样才能发展成"大众型服务"。

理科 012

交互设计师

中村勇吾

"电脑是不会犯错的",
不求"故事"而要"姿态",
作为一名交互设计师,
他创造出像钟表一样"可以一直看下去的作品",
在表现力方面,为"媒体"打开更大的可能性。

交互设计师
中村勇吾
YUGO NAKAMURA

1970年出生于日本奈良县。1996年东京大学研究生院工学系硕士毕业。曾任职于桥梁设计公司、网站开发公司，2004年成立设计工作室"tha ltd."。之后，将工作重心放在了网页设计领域，亦参与广告宣传片等影像制作工作，工作范围涉及艺术指导、设计、编程等多个方面。其代表作品NEC公司环境网站"ecotonoha"（2004），曾获戛纳国际创意节大奖，并承担了优衣库公司、KDDI公司"iida"系列等广告宣传工作。此外，他还曾在NHK电视台教育频道《Design Ah！》栏目中负责监制工作。曾获每日设计奖（2009）、TDC大奖（2009）、艺术选奖新人奖（媒体艺术部门，2013）等奖项。现任多摩美术大学教授。

©Kosuke Mae

中村勇吾

理科生们一起工作是什么样的感觉？

中村 是什么理由让您又开始了和"理科"的对谈？

川村 从以前开始，我就对数学、物理之类的学科有很强的自卑情绪。但当我开始在电影、小说等文科领域开展工作，偶尔也会接触到一些有趣的理科从业者。我逐渐意识到，虽然我们选取的道路不同，但我们的目标在某些部分其实意外地相近，我们都想要把"让人觉得舒服的东西"具象化。而且我还在想，由不同背景的人组成的队伍是不是会更强、更不容易陷入僵局。

中村 确实，理科同仁们的对话总是干巴巴的，不太能聊得起来……而且隔行如隔山，对方在讲什么东西都不太听得懂了（笑）。

川村 如果世界接下来将发生剧烈的变革，那么既有理科背景，又懂得艺术和故事的人应该会成为最强大的力量吧。举个简单的例子来讲，就像是史蒂夫·乔布斯那样。

中村 我是完全不懂故事的。在网页设计工作中，也会有客户提出要求，让我做些"能让人产生情感波动的内容"，但我感觉自己真的是无能为力……自然，我和许多人一样，在看电影或是动漫的时候也会受到感动，但让我感兴趣的却不是感动的理由。比如，在《千与千寻》这部电影当中，我注意到的会是"这一幕的绘画量突然变大了"，又或者"这里用CG'蒙混'过去了啊"。

川村 您看电影的方法可真有理科特色啊（笑）。

中村 所以至今为止，我也一直在努力创造一些"故事"之外的有趣之处。故事的话，热闹的气氛一过就会变得难熬不是吗？

川村 您是指故事发展到高潮之后吧。

中村 是的。我想过要如何解决这个问题，却没能得出答案。于是，我开始有意识地制作一些人们能用平和的心态一直看下去的动画或程序。对我来说，这是一种与故事相对立的东西，或许可以称之作"姿态"。

川村 就像人们可以对着海岸线看很久也不觉腻烦一样，您说的就是这种感觉吧。

中村 是的。还有钟表也是一样，以前上课的时候我们可以一直盯着它看。秒针与分针之间的关系很有意思，很难让人厌倦不是吗？

川村 您把"姿态"看作一种与"故事"相对立的表达方式，这一点让我很感兴趣。这与文科很不相同，文科的工作虽然不是直升机，可也是通过制造起伏来影响人们的情感。

适合网页和不适合网页的表达方式之间存在怎样的差异？

中村 电影中的起伏，呈现出的是一个什么样的曲线？

川村 《星球大战》之类的电影比较简单明了。主人公这条线总是先有平静的日常生活，然而这种平静某天突然被打破。于是虽然心里也有纠结，主人公们还是会选择走上冒险的道路，之后则是一边收获伙伴，一路向前行。可差不多从故事的中途开始，形势开始变得严峻。到了电影最后三分之一的部分，主人公则会被逼到最惨的局面里。先是会失去一切，继而从绝望中重新崛起，迎来胜利的结局。这便是自古以来最为经典的故事结构，在希腊神话中就已经出现过。

中村 那会不会有人提议："如果把这段拖长到20分钟，出来的效果会很厉害？"

川村 像是《变形金刚》这样的电影，分析其结构，就是在15分钟之内呈现出一轮让人应接不暇的起承转合，之后再一直重复一个个这样的周期。哪怕没有台词也能让世界上的任何一个人都看得懂，不会存在让人厌倦的时刻，这些电影大概就给人这样一种感觉。

中村 这当中也有流行趋势吗？比如说，这两年比较流行这种"格式"之类的。

川村 或许多少是有一些的。有一段时间流行直接跳过平静的生活，从不寻常的事情开始讲起，让观众的情绪瞬间高涨。那么我也有一个问题想要问您："您在制作网页的时候，会觉得什么部分必须要确保？"

中村 网页的"格式感"是比较强的，推送新闻时要起些像病毒一样易于扩散的标题，比如说"关于××，现在就想知道的十条知识"这种。而在Youtube上也是，如果最初的两三秒钟不能抓住观众就算是失败了。我是从21世纪初开始从事网页设计相关的工作，那个时候，企业刚开始在网页制作上有所投入。最先引起热议的是一个叫作"BMW Films"的项目。宝马公司请来了7位导演，却不是让他们拍电视广告，而是奢侈地让他们拍摄在网络上播放的微电影。

川村 当时盖·里奇等许多知名电影导演都参与了拍摄对吧？

中村 是的。不过，当时是一下把电影的"格式"套在了网页上，所以很多场景都拍得太慢了，让人感觉不是特别搭。我意识到，必须要按照浏览网页时特有的时间轴来做才行，要让用户们可以随时点击、随时退出。于是我开始寻找这种"格式"，虽没有做出您刚刚所提到的"海岸线"，却踏上了"循环装置"的制作之旅。就好比人们可以一直听那些舒服的、循环往复的嘻哈音乐，或者不停地在嘴里咀嚼墨鱼干。

川村 进了电影院，人们就被关在里面出不去了，这是电影。而网页动画这种表现形式则是以人们会退出界面为前提的。或许二者在根本上就是不一样的吧。

电脑是不会犯错的？

中村 我一直都很喜欢看电脑做出来的"模拟动画"。比如说，电影里会用CG技术模拟出水的样子，而在Youtube上，也会有CG制作公司上传一些片段，去展示"关于水，我们可以做出这样的效果"。那些动画当中，规律在任何时候都不会出错，画面会一直变换下去。"电脑绝对不会犯错"，所以我们可以一直盯着看下去，而不会觉得不舒服。

川村　您可真是个"数字技术爱好者"啊。那电影可真是同您的爱好完全处在对立面上了，毕竟在电影的世界中，无论是天气还是演员们的演技都会变化。

中村　我偶尔也会做一些影像方面的工作，却是真的不擅长摄像（笑）。真的是每一次拍出来的东西都有所不同，不具备可复制性。哪怕演员再优秀，都还要考虑"摄像机是不是从这个角度拍过去就行"之类的问题。

川村　是得考虑啊。

中村　可我最想要的，却是一个能将整个空间都捕捉下来的摄像机。等把素材全部收集起来之后，再寻找角度，进行加工。

川村　那就是CG动画的制作方法了吧（笑）。您是从小就这么喜欢电脑的吗？

中村　是的。不过我中学时代拥有的第一台电脑性能真的很差，搞了一通之后，它完全不会有任何反应。

川村　那台电脑是什么型号？

中村　是夏普的"X1"，它既是电脑也能用来看电视。我当时用它来写"BASIC"。当时有一本叫作《小型电脑BASIC MAGAZINE》的杂志，它的后面会印上几十页的程序源代码，能做出游戏来，而我就会把这些全部输进电脑里。因为无论如何都想做出《太空侵略者》这个游戏，我真的是哭着打完了代码，可即使"程序输入完成"之后,画面也绝对是一动也不动。

川村 我也做过这件事,不过也只能运行一次。我觉得这件事或许是我在理科方面受挫的起点,写程序这件事真的没能带给我一点快乐。

中村 我那时也没有感觉到快乐,不过进入大学之后,时隔多年我碰到了 Mac 电脑,发现电脑的发展已经进步了太多。我觉得 CPU 的运行速度也得有那时的 1000 倍吧?这让我很是兴奋。

您能跟我讲讲"结构"的魅力吗?

川村 我记得您是毕业于东京大学工学部吧。

中村 高中的时候,我偶然在照片上看到了高迪[①]的建筑作品,当时我就想:"要怎么才能建出这样的建筑?"这便是我进入工学部的契机。彼时我对艺术真是一点兴趣都没有。

川村 确实,高迪建筑有着无与伦比的巨大吸引力。

中村 不过,虽然看起来不像,高迪却是一个很重视结构的人。在巴塞罗那的圣家族大教堂里,有个角落写着这样一段说明:其实高迪在确定建筑外形的时候,曾把砝码挂在钢丝上,以寻找最为合适的悬垂曲线,这才将其建成。将它翻转过来,会发现它呈

[①] 安东尼奥·高迪(Antonio Gaudi),西班牙著名建筑师。——编者注

现的是建筑受力的最优形态。听了这种故事，任谁都会感叹"结构真是神奇"吧。

川村　原来如此。

中村　不过我虽然进了工学部，大学期间却没怎么好好上课，所以没能被分进我最想去的建筑专业。我被分到了土木工程专业，毕业后进入的公司也是做又大又长的桥梁建筑的，他们曾参与过濑户大桥和彩虹大桥的建设。

川村　您在那里具体是负责什么工作？

中村　造桥首先要知道"桥在什么情况下会受到破坏"，了解真实的事例，再由此逆推，进行建设。与此同时，我们还要仔细观察建筑物的活动，比如，当暴风来袭时，这根柱子会产生怎样的移动？

川村　这些细节部分可都关乎生命啊。

中村　开始从事这些工作之后，建筑物在我的眼中变得不停摇晃起来，或者说我观察事物的方法变了，所有现象在我眼中精度都上升了10倍左右。我觉得这非常有趣，开始沉迷于其中。这种观察事物的习惯对我今天所做的设计也产生了影响，比如说我会考虑"如果各种结构之间相互作用，会产生这种结果"之类的问题。

川村　高迪建筑看起来像是凭感觉建成的，实际上却是由非常扎实的结构构成，这一点也与桥梁建筑一样。

中村　高迪的建筑作品从宏观上来看结构性很强，而拆分成小结构来看，他其实是反复多次使用了分形设计（自相似性）的手法，最后又加入了许多装饰。因为这些装饰与整个建筑实在太过贴合，所以人们的注意力很容易被吸引过去，可实际上，无论是整体的感觉还是每一个细节，都给人一种一脉相承的感觉。

您通过"运算"来表现宫崎骏动漫作品中的那种舒适感？

中村　电影是您的专业领域，其实我也开始做关于电影的程序设计了。我观看了宫崎骏先生等许多导演的动漫作品，然后发现当中是有几种"固定模版"的。比如故事的开头总是发展得很快，而渐渐地节奏会放慢。如果将所有的镜头、所有的电影都整理出来放在一起，我想应该是挺厉害的。

川村　优秀的电影创作者们都会去分析什么样的举动能让人们产生情感波动，您在做的分析其实与这差不多吧。您也说得上是在一帧一帧地观察了。不过话说回来，您还真是喜欢做分析啊。

中村　遇到某样事物，我总是在考虑："要怎么做才能用程序将其表达出来，实现自动运转？"简单来说，就是要找到其中的规律，用清晰的算法将其表示出来。在我的设计背后总铺就着规则，我总是先将其确定下来，让画面动起来，之后再增加其趣味性。

川村　有点像是游戏吧。

中村　是的。既要有遵循规则的框架部分，又要有随着用户的自主操作而有所不同的部分，而我的工作就是保证二者处于一个合适的比例。如果过于自由也会缺少焦点，所以最好是在遵循规则的大前提下稍微偏离一点点。

川村　那您实际上是怎么实现的？

中村　我基本上都是在制作程序，然后用做好的程序进行预演，试用一下，做些修改，再试一下……一直重复这个过程，直到找到最佳答案。自己做出来的东西动起来的那一瞬间，会让人感到非常快乐，会有一种"它按照我的想法动起来了"的感觉。

川村　作为文科生，我完全理解不了这种兴奋（苦笑）。如果是用黏土做出了什么东西，那种感觉我可以理解，但您那些不都是数学式子吗？

中村　黏土之类的东西不具有可复制性不是吗？一旦做好了就没法倒退回之前的样子，而且还会卡在指甲里，又有股臭臭的味道（笑）。

您讨厌不可复制的"人的行为"？

川村　您可真是一个讨厌"模拟、近似"的"数字技术爱好者"啊。

中村　写字我也不喜欢。比如说，手写"东京都"这三个字的时候，即使觉得"都"的偏旁写得太过靠左，也是覆水难收。我们只能接受现在的结果，若是想要再修补一下，反而只会变得更糟。所以啊，现在贺年片我也不写了。

川村　那您一定很喜欢数字排版之类的东西吧？

中村 喜欢得很（笑）。刚开始用 Mac 电脑的时候，有一点让我很是震惊。用明朝字体打"あ"这个字的时候，无论在电脑上放大到多少倍，其边缘都没有一处不是平滑的。

川村 如果是在纸上扩印的话，边缘会变得生硬起来，而电脑上就不会出现这种问题是吧。

中村 是的。因为电脑上的文字是由坐标和曲线构成的，所以不会显得硬（笑）。

川村 对您来说，果然还得是不会变形的、可复制的东西才是美。

中村 能让我感到生理性舒适的，就要属这些地方了吧。

川村 那您不会讨厌"人"吗？特别是女性，她们可都是些变幻无常的生物吧。

中村 我在努力地去适应了，可只要我开始跟她们讲道理，她们就会不满地对我说："又来了，你这个理科男。"（苦笑）

川村 对于女性的情感波动，您也想用算法表示出来吧。

中村 如果能把这些捕捉成数据就好了，可惜难度很大啊（笑）。

川村 不过作为您的代表作之一，在您为 NEC 公司设计的环境活动宣传网页"ecotonoha"当中，我却感受到了文科式的"故事"。在那个程序里，参与者们通过点击鼠标输入信息，从而让树上长出"单词叶子"，逐渐变得茂盛，而最后这些叶子又飘散开来。这确实也给人带来了一种生理上的舒适感。

川村 鼠标的移动其实很有趣，它既不是完全符合逻辑的，也不完全是在晃动。所以我就想到：如果有很多鼠标在移动，由此让一棵树变得繁茂起来，说不定可以构成一幅不错的画面。

川村 我们总以为鼠标是受自己操纵的，可实际上这也属于程序控制下，算法的工作范畴吗？

中村 是的。鼠标的移动经过了一定程度的流畅化处理，并非人的操作的直接反映。

川村 也就是说为了让大家获得良好的使用感受，给它做了整形是吧？

中村 不过，自己真正的样子也并不会让我们感到特别愉快不是吗？想想镜子里的自己，或是被拍上电视的自己……

川村 自己的声音也是不怎么喜欢呢。

中村 我觉得对很多人来讲，看了自己的动作也会觉得很不舒服。所以网络世界里就需要考虑：要如何对人们的行为进行抽象化处理？推特上以前也有过"公告牌"，可最后还是把发展方向定为了"只能进行碎片式交流"的地方，只允许输入140字以内的内容。

川村 这当中的缘由是？

中村 我觉得有一部分原因是压缩到这个长度比较合适，人们读起来比较舒服吧。为了让"自然"的东西为人们愉悦地接受，需要对其进行抽象化处理、整形和过滤，我感觉这正是网络的主要工作。

在工作上，怎样称得上是与周围取得了最好的平衡？

川村　从网页到动画，您所从事的工作真的涉及很多领域，未来您准备在工作上达到怎样的平衡？

中村　最初我只是在自己的网页上画些东西，把作品拿给外国人看了之后，他们会夸赞说："这很酷！"我就会回他们说："是吧！"我很喜欢偷偷以此为乐，于是我就想，如果规模变得更大快乐也会变得更多吧。可尝试了许多之后我发现，到达一定程度之后，感受到的就不是那个"更"了。

川村　"超过140字"之后，有些时候会觉得不舒服吧。

中村　是的。所以我有时会想要回归那种淡泊的工作状态。跟身边的人这么讲之后，他们会调侃我："你是想要隐居吗？"可我只不过是有着跟大家不同的欲望，想要更专注一些罢了。

川村　确实，如果不是单打独斗，或许很难做成可能给世界带来决定性改变的工作。

中村　有些时候确实如此。虽然我也想和很多人一起工作，想把工作变得更快乐一些，喜欢和员工们一起热热闹闹地做些什么。可如果有可能，我还是想一个人来做。这两者之间是互相矛盾的，所以我还在寻找最佳平衡点。

川村　关于这一点，我也感受过类似的矛盾。电影的话，我要和二百人左右的团队一起制作。来自不同领域的创作者面对着同一部作品，大家的工作内容都无法实现"算法化"，这样的一群人需要展开思维的碰撞。其结果就是，有些时候做出的东西与我个人的想法是相近的，有些时候却背道而驰。这正是其中的有趣之处。而与之相对，小说则是我一个人写，所有的事情都需要我自己负责。这虽然是一条彻底孤独的苦行之路，但有些瞬间，我能感受到"自己突破了自己"。

中村 就像是被角色附身了的感觉吧？

川村 或许与之相近。在我开始写作之前其实也不能相信，可某个瞬间，角色真的会自己开口。有时，自己笔下的角色似乎能教给我一些自己原本不知道的事情。

中村 写程序的过程中，也能碰到这种令人心情无比舒畅的瞬间。有些时候，自己创造的那些逻辑似乎可以在脑子里自主运动起来，合为整体，我会因此而情绪高涨。

什么是"国际化的创意"？

川村 最后一个问题，在我看来网页是一个比较容易进军国际的领域，您如何看待当中的可能性？

中村 大家总是在说"国际化的创意"，但直到现在我都没有注意过这些，也不会在作品中强调"东京的特色"。我觉得在努力打造任谁看了都觉得好的作品的过程中，"东京"与"日本人"的特点自然就会呈现出来。在达到这个境界之前，我们只有拼命努力。

川村 对此我深有同感。

中村 从前的那些日本大师都是在一个封闭的环境里埋头工作，不是也打造出了被全世界认同的日本特色吗？动漫作品等亦是如此吧。从前大家就像生活在一个小村子，面向的只是日本的孩子们，后来大家的工作得到了全世界的认可，于是突然来了一些了不得的人物，提出"Cool Japan"战略之类的计划……

川村 "自己觉得有趣的东西，全世界的人都意外地觉得同样有趣"，我觉得唯有意识到这一点，才能做出席卷全球的作品吧。

（2014 年 11 月 于东京·南青山·tha ltd.）

复习

"我在制作一些人们能用平和的心态一直看下去的动画或程序，为的是努力创造出一些与'故事'不同的快乐。"位于青山区的办公室里摆放着一台台 Mac 电脑，背后的大屏幕正播放着数字艺术作品，我与中村勇吾先生在这样的环境中开始了对话。

"规律在任何时候都不会出错，画面会一直变换下去。电脑绝对不会犯错，所以我们可以一直盯着看下去，而不会觉得不舒服。"

这样一位纯粹的数字技术爱好者，他将程序所创造出的、可以回放无数次的美丽，视作与"故事"相对抗的"姿态"，用网页和动画将其表达。

"我意识到，必须要按照浏览网页时特有的时间轴来做才行，于是踏上了'循环装置'的制作之旅。就好比人们可以一直听那些舒服的、循环往复的嘻哈音乐，或者不停地在嘴里咀嚼墨鱼干。"

上课时，不知为何我们可以盯着钟表一直看下去。他的工作或许与"钟表"的创作有些类似。

"遇到某样事物，我总是在考虑：'要怎么做才能用程序将其表达出来、实现自动运转？'简单来说，就是要找到其中的规律，用清晰的算法将其表示出来。"

快乐、美丽、舒适。作为一名计算机时代的匠人，他对人们的"快感"展开分析，将其整理成数式，使之具备可复制性。我愿继续凝视着他，去关注他将再创作出怎样的"钟表"。

理科012　中村勇吾教会我们的事

我想过要如何度过故事高潮之后的时间，却没能得出答案。于是，作为"故事"的对立面，我开始有意识地制作一些人们能用平和的心态一直看下去的动画或程序。

遇到某样事物，我总是在考虑："要怎么做才能用程序将其表达出来，实现自动运转？"简单来说，就是要找到其中的规律，用清晰的算法将其表示出来。

既要有遵循规则的框架部分，又要有随着用户的自主操作而有所不同的部分，二者还需要处于一个合适的比例。如果过于自由也会缺少焦点，所以最好是在遵循规则的大前提下稍微偏离一点点。

网络世界里需要考虑：要如何对人们的行为进行抽象化处理？为了让"自然"的东西被人们愉悦地接受，需要对其进行抽象化处理、整形和过滤，这正是网络的主要工作。

虽然大家总是在说"国际化的创意"，但从前的那些日本大师都是在一个封闭的环境里埋头工作，不是也打造出了被全世界认同的日本特色吗？

理科 013

JAXA 宇航员

若田光一

共于太空中停留 347 天。
他是日本首位国际空间站指挥官,
是一位"为他人着想"的宇航员。
面对着最新科技,
他向我们诉说"领导能力"究竟为何物。

JAXA 宇航员
若田光一
KOICHI WAKATA

1963年出生于日本埼玉县。1987年毕业于日本九州大学工学部航空工学科，1989年获得同校研究生院工学研究科应用力学专业硕士学位，而后入职日本航空公司（Japan Airlines）。公司将其委派到成田整备工厂点检整备部，在技术部系统技术室负责机体结构技术方面的工作。1992年被选为宇航员候选人，1993年被美国航空航天局（NASA）认证为任务专家（Mission Specialist）。1996年，他以日本首位任务专家的身份搭乘"奋进"号航天飞机。之后，在2000年的任务中，他又参与了国际空间站（ISS）

©Kosuke Mae

的建设。2009年，他完成了在国际空间站的长期驻留任务，成为首位完成该任务的日本人。2013年底至2014年，他再次长期驻留国际空间站，执行第38～39次太空飞行任务，并在第39次任务中担任指挥官，成为首任日籍指挥官。包括以往的任务时间在内，他共在太空中停留了347天8小时33分。

在宇宙之中，您有过什么像科幻电影一样的经历吗？

川村 在制作《宇宙兄弟》这部电影时，我曾到访位于佛罗里达州的美国国家航空航天局（NASA），参观和学习了与航天飞机发射有关的内容，并得以在其内部进行拍摄。不过休斯敦这个有控制中心的太空中心我还是第一次来，所以现在非常兴奋。

若田 《宇宙兄弟》真是一部让许多人在宇宙中感受到了梦想的电影。

川村 谢谢。那位传说中的宇航员巴兹·奥尔德林（Buzz Aldrin）也参演了这部电影，我很是激动。

若田 毕竟他可是阿波罗11号的宇航员，是第一批踏上月球的人之一。

川村 说起来，您有没有看过《星际穿越》这部电影？

若田 它上映的第二天我就和家人一起去看了。

川村 那部电影在许多方面都给我带来了冲击。我原本就很喜欢太空电影，作为一个电影人，对我来说，"如何描绘宇宙"也是一个永远的主题。可看完那部电影之后，我感觉到终于出现了一部能与《2001：太空漫游》这部名留影史的杰作相匹敌的科幻电影。

若田 那部电影所表现的主题是理论物理学的世界会涉及的内容，很难进行可视化处理，它们甚至都很难通过实验来验证。所以想要通过画面将其表达出来，能展现的东西到底还是有限。我也是一个工学专业的技术人员，所以如果不是看到了实验结果，是不愿意相信一些事的。可有次，我在采访哈佛大学物理学教授、理论物理学专家丽莎·蓝道尔（Lisa Randall）时，她讲到了这么一个理论："人类所生存的三维空间实际上被涵盖在一个人们看不到的五维空间之中。由于我们被粘在这个三维空间的'膜'上，所以无法挣脱它，进入五维空间。"她所提到的那个"很难用实验来验证的世界"，给我留下了很深的印象。那时我意识到，并非只有肉眼能观察到的才是现实。

川村 《星际穿越》所描述的正是这种五维空间。那您作为一个宇航员，有没有过什么科幻电影一样的体验？不用一定是五维空间这么极端的例子。

若田 我第一次参与国际空间站的建设是在2001年，那时还没有长期驻留的宇航员生活在里面。夜晚，关上灯、闭上眼之后真的是一片寂静，躺在睡袋里睡觉的时候也因为无重力的环境而漂浮，感觉轻飘飘的。我感受不到任何的接触压力，周围又一片漆黑，什么也看不见。那个瞬间，我觉得身体似乎在被吞没进某个地方，直觉告诉我：自己凭五感所认识的世界并非整个宇宙。

日本"希望"号实验舱引以为傲的特色是？

川村 太空之旅应该是任何人都想体验一次的吧。

若田 确实，大家一般都觉得国际空间站上的生活环境和时时刻刻都能感觉到重力存在的地球完全不同。可是，除了微重力状态，国际空间站实际上就像是客机以平时 30 倍左右的速度、在高度为平时 30 倍左右的轨道上飞行。绕地球一周大约需要 1 小时 30 分钟，所以一天能看到 16 次日出和日落。等到习惯了，把这些当作常态之后，渐渐会不再觉得太空是一个特别不可思议的世界。

川村 可在我看来，一天会上演 16 次夜尽天明的太空，仍是一个超乎想象的世界啊。

若田 为了让您认识到在广阔的宇宙当中，国际空间站的飞行高度大概处于什么位置，我来举个例子。假设地球是一张 CD 大小，那么国际空间站的飞行轨道离 CD 的边缘不过有 4 毫米左右。我们所体验到的宇宙，只是稍微超出"地球摇篮"一点点的领域罢了。

川村 而宇宙是无边无际的广袤。

若田 日本目前拥有国际空间站的"希望号"实验舱，还有 2015 年成功发射了 5 号机的"鹳号"无人货运飞船，在二者开发和使用的过程中积攒下了很多技术。所以，我希望日本能充分运用起这些技术，在地球低轨道，还有之后的月球、小行星以及终极目标——火星载人航天活动中，发挥出更为重要的作用。

川村 国际空间站这个载人航天器，是由美国、俄罗斯、加拿大、欧盟成员国等 15 个国家制造的模块对接而成。当中，日本所负责的"希望号"实验舱有什么特色？

若田 "希望号"既配备了机械臂又配备了气闸舱，并且可以投放超小型卫星，这些技术都受到全世界的瞩目。国际空间站的成员们也可以操纵"希望"号的机械臂，但大多数情况下，我们都是从位于茨城县筑波市的JAXA航天中心进行远程操作。国际空间站当中，只有日本的"希望"号在向太空发射超小型卫星。

川村 过去，每次都要靠火箭才能让卫星升空，要是能从国际空间站发射卫星的话，成本应该会降低很多吧。

若田 正是如此，我们现在已经发射了100颗左右（※ 截至2016年1月，共计105颗）的卫星，它们有的来自海外，有的来自日本民间，有的来自大学，有的来自企业。而在太空实验方面，从进入航天飞机时代以来，日本就在生命科学、流体物理学，以及蛋白质晶体生长实验（有助于开发出治疗肌肉萎缩症的药物）等领域辛勤耕耘。我们的努力得到了回报，在正式进入国际空间站和"希望"号的时代之后，日本取得了许多领先于世界的成果。

作为首位日本指挥官，NASA对您的期待是？

川村 2014年，您成为NASA的首位日本指挥官（Commander）。与商业和政治的世界不同，NASA汇集了顶尖的理科人才，您认为在其中发挥领导作用，与在其他地方有何不同？

若田 与其说是对"理科"的领导能力，我觉得考验的其实是"在一个处于极限环境的密闭空间里，组织起一支队伍"的能力。

在宇宙中，舱外就是高真空环境，温度差在250度以上，条件非常严酷。为了培养起团队合作能力和领导能力，我们会接受团队行动训练。训练当中，我们不仅要吸收过去的太空航行经验，还要参考20世纪初以后的极地探险队经验，以及成功登顶珠峰的队伍的经验。我们要搞清楚"进入极地之后是怎样的领导能力在带领队伍前进"等问题，要学习那些探险家们在团体行动中展现出的能力。做实验、进行舱外活动、操纵机械臂与航天器，这些虽然都属于技术性工作，但若想保证团队成功完成任务，自我管理能力、领导能力以及追随力等团队能力也非常重要。

川村 确实，在《阿波罗13号》《地心引力》《星际穿越》等太空电影当中，如何"生存下去"一直是一个永恒的主题。

若田 除此之外，我们还接受了许多训练。我们在位于佛罗里达海的美国海洋气象局海底研究机构待了一周左右，模拟在月面或火星上执行舱外探测任务时的情况；去往位于怀俄明州的雪山，那里的温度有-30℃，我们每天由不同的人做队长，进行了一场为期10天的露营。在这样的极限环境当中，更容易暴露出人的本性。我们不仅要观察同伴们在团体活动中表现出什么样的特质，也要重新认识自己。在此基础上，我们要学习如何才能保证队伍全体人员安全而准确地完成任务；作为领导者，又要如何在压力环境下将队伍团结起来。这些都是执行航天任务时要做的功课。

川村 您从来自各个国家的宇航员中脱颖而出，被选为指挥官。您认为您身上的"日本人特质"有起到什么作用吗？

若田 日本文化当中很重视"和"，用英语来说就是"harmony"。

从小时起，这种价值观就根植在了我心里，我也很珍重它。不过，我并不是因为"日本特色"而看重它，而是因为我确信它将有助于任务的成功完成。执行任务不仅需要航天员们的努力，还需要筑波、休斯敦、莫斯科等各个管理局团队的成员们都朝着同一个方向努力，唯有如此，才能漂亮地完成任务。还有就是，以"希望"号"鹳"号以及"隼鸟"号小行星探测器为代表，日本在执行太空任务的过程中，通过长年累月的努力取得了很多实际成果。由此，海外对日本都有着很强的信任感，我认为这也是一个很重要的原因。

日本的科技输给了海外？

川村　然而，我感觉到在经济和政治的世界当中，以科技立国的日本正被其他国家，尤其是亚洲国家所追赶。您在 NASA 当中，一定也观察到了大家对于日本技术的评价，那么这些评价与外界的普遍评价之间存在着怎样的差异？

若田　日本真的拥有很多世界上数一数二的技术，国际空间站里面所使用的相机基本都是日本产，在我所生活的休斯敦，街上跑的车恐怕也有一半以上都是日本车。日本发射 H-IIA、H-IIB 运载火箭的成功率也处于世界最高水平。

川村　也就是说在科技领域，日本人可以更自信一些是吗？

若田 我们国家一直在做很厉害的技术，大家却或许是对此太过习惯了，因而很难做出客观的评价。可若想保持并提高我们的技术水平，我认为"不断向新事物发起挑战"是非常重要的。那些通过追赶日本逐渐积攒起力量的亚洲国家，都在不断地挑战高远的目标。就拿太空开发这个领域来说，中国已经实现了载人航天飞船的发射，并在用其执行任务了，印度也已经在研发载人航天飞船。

川村 日本应该也想发射载人航天飞船吧。

若田 我觉得日本必须坚持科技立国，踏进前人未曾涉足的领域，在国际空间站里面日本也要继续努力，争取发挥更为重要的作用。人类若想长存，需要在很多重要的技术领域持续进步，太空开发称得上其中之一。可即便是倾举国之力，也很难突然取得巨大的技术突破。我们只有一步一步地前行，让今天比昨天更好一点，明天比今天更好一点，向着具体的目标、扎扎实实地发展技术，这样的努力不可或缺。

川村 从长远来看，这样的点滴积累将会带来巨大的不同。

若田 对个人来说亦是一样。当习惯了某项工作、陷入稳定的状态之后，我们就需要向新的问题发起挑战，故意让自己处于不稳定的状态之中，并为了克服其中困难做出努力。这能使我们成长。在我通过宇航员考试、被派往休斯敦之后，也经历过一段无法顺利用英语对话的艰难时期。可我认识到，越是拼命努力、不断犯错又不断改正的时期，对我们来说越是大幅进步的机会。

队伍里需要的是怎样的人才？

川村 我的工作是"电影制作人"，需要将导演、编剧、演员、摄影师等人组合成一支队伍。您在做指挥官的时候，又比较希望队伍里有什么样的成员？是能做好任务的优秀人才，还是个性突出、具备独创性和发散性思维的人，抑或是瞬间爆发力比较强的人、善于忍耐的人、能活跃气氛的开朗的人？

若田 一两周左右的短期太空任务就像是短期的海外出差一样，哪怕生活上有些不方便的地方，也是可以忍受的。可如果是超过一个月的长期太空驻留，那么无论是在精神上还是生理上，压力都会变得很大。因此，这个问题的答案也会因为任务是短期还是长期而有所不同，不过无论是哪种情况，我都希望他们是可以自己好好担起责任的人。此外，我觉得大家比较看重那些有能力代替别人、能完成队伍里的任何一项工作的人。

川村 那么反过来，您认为一个优秀的领导者应该是什么样的人？

若田 我认为一个领导者是否优秀，取决于他能否充分调动起组员们的才能。在执行长期任务时，关键在于要如何维护宇航员们和地面管理局之间的信任关系。有些时候虽然自己做到了流畅的沟通，可同伴当中仍可能会有成员在和地面人员进行交流时碰到问题，这种时候，就要看指挥官如何进行调节和修补了。毕竟，信任这种东西一旦失去一次，就很难再复原了。

人类到访火星之际会发生什么？

川村 今后，NASA 在考虑开展什么样的任务？

若田 就拿载人火星探测来说吧。因为往返一趟需要花费两年半左右的时间，所以打造出一个在整个过程中都能够稳定工作的机器是一件非常重要的事。在升空之前，我们需要反复进行实验，以确认航天器上的通讯装置能否经得住太阳和宇宙的辐射，能否耐得住温度的考验。

川村 要两年半左右啊……那可真是一项艰巨的任务。

若田 是的。在两年半的时间里，既要保证宇航员的身体健康，又要保证他们对工作的热情，以及稳定的精神和心理状态。除此之外，还要确保长期任务的切实完成。如何做到这些也是一个很大的难题。"操作机械臂"等能力可以通过训练习得，可心理问题无法通过这种方式解决。这是个很复杂的问题。

川村 《星际穿越》这部作品正是围绕这样一个现实的主题而展开的吧。"当人类无法再在地球上居住时，要选择哪个星球作为新的家园……"

若田 考虑到人类未来活动范围的发展方向，火星真的是一个里程碑。假设现在国际空间站的"希望号"在进行某项实验的时候发生了一些技术上的问题，那么宇航员可以立刻将通信卫星作为无线电中继站，与筑波的地面人员取得联系，询问"现在这种情况要如何处理"。然而如果是在执行火星任务，则要用电波通信，虽然根据相对位置的不同所需时间也不一样，但最多需要二十分钟才能联系上。

川村 有这么大的时间差啊。

若田 这样一来，双方就像是在发送邮件，或是传送录像和录音一样，而无法进行普通的对话。很多情况下，宇航员们不能依靠地面管理局，而是要独立做出判断、采取行动。也就是说，当飞船的运行轨道从地球低轨道向外拓展之时，地面管理局所发挥的作用和运行体制也会随之发生很大的改变。而说到我最大的希望，就是期待能有年轻的日本宇航员作为同伴加入剑指火星的队伍当中。

川村 我还以为您会参加……

若田 那时我应该已经退休了，不过无论何时我都还是很希望能登上火星的。到时或许不再仅仅是依靠人们做判断了，而是会导入很多电脑工具，由它们做一些决断。因此，我还期望日本能在人工智能方面加大研发力度、助力火星任务。

川村 人类到了火星上，就相当于被暴露在了极限状态当中吧。

若田 几年之前，俄罗斯组织过一场叫作"火星500"的实验项目，成员们要在一个与外界隔绝的飞船模拟器当中接受500天的训练，完成假定的"火星任务"。训练项目当中自然也包括对心理状态的模拟，可在我看来，执行载人火星探测任务和在地球低轨道上执行国际空间站任务时不同，宇航员应该还会碰到一些与以往不一样的、难以预测的精神及心理问题。

我们应该追求什么样的成果？

川村 太空开发需要消耗大量的资金，所以大家肯定都想见到能带来实际利益的成果。然而另一方面，人们总想要去探索未曾看到的世界，太空开发正中了人们的这一本能欲望，可以称之为"创新精神"吧。这或许也是一条很有说服力的理由……当然，作为一个文科生，很多时候我可能把问题想得太简单了。

若田 关于太空开发，有的国家把"创新精神"摆在最重要位置，也有的国家把重点放在经济效应上，比如说关注"能研发出多少与医疗用品制造相关的技术"，还有的国家则重视太空授课所能起到的教育效果，等等。不过就算是国际空间站计划，也是靠着各个国家的税金在运行，所以我觉得重要的还是要走国民所支持的太空开发道路。

川村 关于太空开发所取得的成果，我们必须要综合看待吧。

若田 宣传活动也很重要，它能让尽可能多的人对我们在做的事情有一个正确的认识。2009 年，我第三次登上太空、第一次长期驻留国际空间站之时，还无法在轨道上使用网络。但现在那里已经可以联网了，还可以把从"穹顶"号观景舱（cupola）拍到的地球照片立刻上传到自己的推特上,和全世界的人们分享。照片和动画是可以实时传递感动的途径,我感到其中蕴含着难以估量的能量。

川村 宇航员们所拍摄的照片真的有着感动人心的力量。

若田 詹姆斯·卡梅隆导演也一直在说"想要在太空里拍摄电影",我希望有那么一天,您和其他日方专业人士也能到访太空,拍出浪漫的作品。

未来真的可以轻松实现太空旅行吗?

川村 人类的历史可以说是一部开拓史,我也认为正是"开拓"才让人们生存到了今天。然而随着"谷歌地图"等技术的出现,我也开始怀疑人们的"创新精神"是否走到了尽头。若真是如此,下一步就只有走向宇宙了。而且,如果真到了能登上火星的那一天,我也很想亲眼看看,获得最真实的体验。

若田 高分辨率相机的技术在不断进步,因此,其录制的动画有些时候比真正用肉眼看到的效果还要漂亮。而且通过虚拟现实技术,今后人们应该能在很多领域获得模拟体验,并不仅仅局限于太空航行。不过,有些东西还是要亲临现场才能感受到。比如说草木之香、海浪、体感温度、火辣辣的阳光、寒冷环境中呼出的白气……我认为只有这些真实的体验,才能触动人们的感性。

川村 到了10年之后或者20年之后,我们真的能轻松地实现太空旅行了吗?

若田 我也非常希望太空观光旅行能变成一件寻常的事。在载人航天器这方面,美国的民间企业正在研发可以往返于地球低轨道的航天器。随着民间对太空探索的参与越来越多,我感觉大家对太空的亲近度越来越高,也开始在商业和娱乐领域对其展开灵活运用了。真希望日本的民间企业也可以积极地开展这样的事业。

川村 最后一个问题,您认为未来的宇航员们必须要具备什么样的品质?

若田 这个问题很难回答,不过,与太空相关的工作常常会受到世界各国政治动向的影响,发射航天飞机之类的计划,也有可能会因为一些重大事故而大幅推迟。所以在很多情况下,宇航员们都无法按照计划、向着目标推进自己的职业生涯。因此,最重要的就是要对"登上太空"这件事抱有热情,还有就是忍耐能力以及适应性吧,就是说面对各种情况和任务时要能够灵活应对。

(2015年2月 于美国·休斯敦·NASA)

若田光一

复习

进入位于休斯敦的 NASA，穿过宇航员们的墓地以及存放着阿波罗时期火箭的仓库，我接近了 NASA 的中心区域，一个聚集着全人类英才的地方。

在这个美国人和俄罗斯人占了多数的地方，首位亚洲指挥官若田光一面带笑容地出现了。

"希望"号"鹳"号"隼鸟"号，他说，日本技术得到了 NASA 的"信任"。

"国际空间站里面使用的相机基本都是日本产，日本发射 H-IIA、H-IIB 运载火箭的成功率也处于世界最高水平。我们国家一直在做很厉害的技术，大家却对此太过习惯了，很难做出客观的评价。"

他是在紧张的工作当中抽出了这一个小时。虽然如此，却一直面带笑容，为我们娓娓道来。那一刻，我忽然意识到了一件事。"对日本的信任"不仅来源于我们的科技实力，更是因为有他的存在。他为了团结起由不同国家组成的团队，学习了俄语；掌握了所有的知识，成为一个"能完成任何一项工作"的人；秉持着"和之心"，发挥着自己的领导才能。

临别之际，他赠予我一张肖像照。上面写着"梦想、探索之心、为他人着想"，笔锋遒劲。"为他人着想"这个词牵动了我的心。忙乱的生活中，它曾被我遗忘。看着这位在极度理智的世界当中，凭着"为他人着想"而走在最前列的日本代表，我似乎获得了一些灵感，明白了日本未来该以怎样的方式战斗。

理科 013　若田光一教会我们的事

假设地球是一张 CD 大小，那么国际空间站的飞行轨道离 CD 的边缘不过有 4 毫米左右。我们所体验到的宇宙，只是稍微超出"地球摇篮"一点点的领域罢了。

与其说是对"理科"的领导能力，考验的其实是"在一个极限环境中的密闭空间里，组织起一支队伍"的能力。我们还参考了 20 世纪初以后的极地探险队经验，以及成功登顶珠峰的队伍的经验。

我之所以被选为指挥官，并不全是因为我个人的特质。以"希望"号"鹳"号以及"隼鸟"号小行星探测器为代表，日本在执行太空任务的过程中，通过长年累月的努力取得了很多实际成果。由此，大家对日本都有着很强的信任感，我认为这也是一个很重要的原因。

如果是在执行火星任务，和地面管理局联络时则需要用到电波通信，最多的情况下需要 20 分钟才能联系上。这样一来，在越来越多的情况当中，宇航员们就必须独立做出判断、采取行动，人工智能也可能会参与到这个过程当中。

我希望太空观光旅行能变成一件寻常的事。我们不仅需要虚拟的体验，有些时候必须真正地处在那个空间当中，我们的感性才会被触动。我希望日本的民间企业也可以积极地开展这样的事业。

理科014

理论物理学家

村 山 齐

作为一名理论物理学家，
他率领一个研究机构，
将物理学与数学和天文学结合起来，
一边探索"暗物质"与"暗能量"的本来面目，
一边让思想驰骋于一万亿年之后的宇宙。

理论物理学家
村山齐
HITOSHI MURAYAMA

1964年出生于日本东京都。1991年东京大学研究生院博士课程毕业。历任东北大学助教后，于1993年移居美国，1995年起担任美国加州大学伯克利分校助理教授，2000年成为该大学教授。2007年起，兼任"东京大学国际高等研究所卡弗里数物联合宇宙研究机构"（Kavli IPMU, Kavli Institute for the Physics and Mathematics of the Universe）所长。著有《隐匿的宇宙：用基本粒子揭开宇宙之谜》（幻冬舍出版）、《创造宇宙的实验》（编者，集英社出版）等多部作品。

©Kosuke Mae

数学家和物理学家通过"算式"进行交流？

川村 您现在是"Kavli IPMU"（以下简称 IPMU）的所长，能请您介绍一下这个组织吗？

村山 它的全名是"东京大学国际高等研究所卡弗里数物联合宇宙研究机构"。

川村 卡弗里？

村山 有位叫弗莱德·卡弗里的先生，他先是在挪威学习日语，后面又去了美国，在飞机和汽车的传感器上赚到了钱。他在全世界资助了二十所研究机构，IPMU 也受了他很大的帮助。这里是日本唯一一处以卡弗里先生的名字命名的地方。

川村 这会让学生和研究人员都感到有些压力吧。

村山 不过，我们其实只是在试图运用科学，去解决那些孩子就能想到的质朴问题。比如说，如果刨根问底地去探寻"我们人类到底从哪里来，为何会身处此地，是由什么构成，又将去往何方"，那么我觉得最终还是要回到关于宇宙的问题上。也就是"宇宙从何而来，由何构成，如何运转，又将经历怎样的命运"。

川村 要想了解人类，就必须得了解宇宙。

村山 为此，物理学家、天文学家以及数学家们必须得联合起来才行。然而，在日本的普通大学里，学科之间被割裂了，甚至有些时候不同的学科都不在同一个校区，大家连见都见不到。

川村 明明集中起了很多优秀的理科人才却不让他们进行合作，这真是太浪费了。我觉得如果不试着和其他领域的人联手，就很难注意到自己所在领域的优点与问题。

村山 正是如此。而我们的这个研究机构，就是让大家把以往分头在做的事情集中到同一个地方一起做。不过，实际开始尝试之后，我们发现物理学家和数学家的语言完全不同。数学家们所讲的内容总是非常严谨，如果不了解每一个词的定义，物理学家们根本听不懂他们在讲什么。而另一方面，物理学家们所讲的东西对数学家们来说则不够严密，他们的随意让数学家们难以接受。

川村 那他们是通过什么方式实现了交流？

村山 利用"算式"这种数学语言，他们终于可以交流了。再加上算式不好用嘴说，他们没有办法，只好在黑板上写。这样一来，大家就能明白"啊，原来他想说的是这么一回事""那就应该是这个样子吧"，交流就得以进行下去。到了最近，我感觉大家似乎终于懂了对方的语言（笑）。

川村 对我来说，这已经是一群外星人在交流了（苦笑）。不过，说不定真到了要和外星人交谈的时候，比起跟他们说"我们是……"，也还是用算式来交流的可能性更大吧。英语应该也派不上什么用场。

村山 我们也觉得数学是全宇宙的通用语言。即使真的遇到外星人，用数学作语言应该也能讲得通吧。

川村 所以外星人真的存在吗？

村山 我觉得是存在的。因为我们其实也都是"外星人"啊。不过,如果是在一个以氨气为空气的行星上,那里的人们应该和我们长得完全不一样,身体也会由不同的化学成分构成吧。

"万物皆由原子构成"是一句谎言?

川村 因为要采访您,所以我对 IPMU 在做的研究进行了一些预习。当中有一个研究主题叫作"对暗物质和暗能量的探索",我对此兴趣颇深。

村山 138 亿年前发生了宇宙大爆炸,一个炽热的火球爆炸了,宇宙由此诞生。那时产生了光和大量的基本粒子,而宇宙的温度又在不断下降,所以原子就出现了。在诞生初期,有些处于略微不平衡状态的点存在于宇宙当中,那里是有重力的。因此,基本粒子会汇集在一起,周围的原子也会被吸引过来,逐渐就形成了星星、银河、行星和生物。

川村 哇,渐渐有种身处理科课堂的感觉了。

村山 将原子吸引到一起的就是"暗物质",它也被称为"Dark Matter"。也就是说,如果没有暗物质,太阳、地球、人类就都不会存在了。不过谁都不知道它到底长什么样子。由于它不会发光,我们也观测不到它。从这个意义上讲,暗物质对我们来说其实是"阔别了 138 亿年的母亲"。

川村 可教科书告诉我们"世间万物皆是由原子构成",无论是地球还是宇宙都是如此。现在您说这些其实是由暗物质和暗能量构成的，这个反转也太厉害了！

村山 教科书撒了一个大谎（笑）。伽利略和哥白尼所坚持的"日心说"打破了"地心说"，导致教会对他们展开了审问。这次的反转可以与那次的事情相匹敌。

川村 暗物质是怎么被发现的？

村山 假如我们把一块强力磁铁藏在一个箱子里，那么当我们拿着指南针靠近箱子时，指针就会颤动对吧。这样一来，我们就会注意到"原来箱子里有个什么东西"。与之相同，当光照过来时，如果有暗物质存在，那么光就会受到重力的作用而弯曲。由此，我们就会知道"那里存在着某些物质"。比如，当我们观察那些远方的漩涡状银河时，会发现某些地方呈现出一种奇怪的扭曲状态，那就是暗物质在作祟。

川村 现在我们对暗物质的本来面目了解了多少？

村山 说实话，几乎还是一无所知。自然，最开始都是要先做假设然后再将问题弄清，可那些假设最终既有可能是对的，也有可能并非我们要找的答案。我们真的是在进行字面意思上的"暗中摸索"。

"暗能量"是什么?

川村 那另外一个"暗能量"又是什么?

村山 在学校我们都学过:"任何两个有质量的物体之间,都存在让它们相互吸引的万有引力。"如果这句话是真的,那么宇宙中的物质也会相互吸引。因此,宇宙大爆炸所造成的运动趋势也会被制约,宇宙的膨胀速度应该是日益趋缓的。

川村 是的。

村山 可事实是,到了1988年的时候,人们发现宇宙正在加速膨胀。虽然在那之前宇宙也一直在膨胀,可大家一直都以为它的速度在逐渐变小。

川村 莫非暗能量与其膨胀速度的加快有关?

村山 是的。与重力做对抗、加速了宇宙膨胀的能量就是暗能量。如果膨胀的速度变为无限大,那么宇宙或许就会在某天被撕裂。而我们对暗能量的了解比对暗物质还要少。

川村 毕竟它首先就不存在实体啊。

村山 现阶段关于暗能量有很多假说,其中有一种是"我们原以为没有任何东西存在的真空当中,其实包含着能量"。

"爱的告白"也可以通过算式实现？

川村 对于存在太多未知数的宇宙，大家必须要先提出一些假说。而在我写小说的过程中，其实有与之相似的地方。

村山 是哪里有相像之处？

川村 我认为有三件事是人们无法控制的，分别是"死亡、金钱和爱情"。好比爱情，它对人们来说就像是暗物质（笑）。所以我会先假设"爱情是否就是'这样'一回事"，继而在写小说的过程中去验证其正确与否。

村山 这挺有趣的。

川村 最近我注意到，如果人们把"对某个人的需要感"全都归结到"爱情"这个词当中，那么肯定会造成难以为继的局面。我们现在生活在一个价值观复杂而多样的时代，"你与我"所生存的宇宙之间存在着隔阂。因此，"爱情"对于每个人来说也不再是一个统一的定义，我有时也会觉得现在的情况有些危险。

村山 确实，"爱"有了越来越多元化的表现形式，不再仅仅局限于"男人与女人结婚，然后一起生活一辈子"了。

川村 现在这个时代，无论是在美国还是日本，都有三成的夫妇会离婚了啊。

村山 我在1993年搬到了美国，家人也一直在这边。我的儿子在高中时期有位关系特别好的朋友，他竟有四个母亲。他原本是被一对女同性恋情侣收养的，之后那对情侣分开了，各自又找到了新的伴侣，所以他就有了四位女家长。

川村 "结婚"这个词也和"爱情"一样，变得危险起来了。不过，人和人之间最终还是只能通过词汇进行交谈。假使我们对着面前的妻子或恋人说："现在我要把我的感情用算式写出来"，也无法实现交流，这正是其中的难解之处。

村山 我倒是觉得告白或许也可以通过算式来实现（笑）。

用数学将难以言表的事情表达出来？

川村 最近，为了给小说取材我去了一趟冰岛，那里壮观的景色带给了我深深的震撼。我感觉到，在这样的环境之中人和人必须要携起手来，一起生活下去。

村山 面对自然的威胁之时，人们只有携手应对了吧。

川村 是的。将无法互相理解的人们聚集在一起，这种吸引力也是宇宙引力的一部分吧（苦笑）……

村山 这正是暗物质了吧（笑）。

川村 不过，我觉得"暗"这个名字取得也特别好。莫非是因为无法用语言描述它们，才将其命名为"暗"的吗？

村山 英语里面的"dark"是黑暗的意思，而"in the dark"则有"不明就里，不知如何是好"的意思。所以，"dark matter"这个词也有"尚未弄清其本来面目"的含义。

川村 不过日语里面的"暗"这个字，总给人一种有点可怕的印象呢。

村山 会给人一种邪恶之感吧。不过，它毕竟是我们的母亲。

川村 确实。

村山 您刚刚讲到自己会觉得词汇有些危险，其实物理学家们在尝试理解、说明某件事的时候，也会在某些瞬间不知该如何用词汇来表达。在 IPMU 内部展开交流时，大家也会因为现有的词汇无论如何都表达不清自己的想法，而想要创造新的单词。所以我们才要学习一门通用语言，那就是数学。数学家其实和作家有些类似，是创造"词汇"的专家。我们这些物理学家则会利用从"作家"那里获取的"词汇"，编织一个假说"故事"。IPMU 正在组织的就是这样一种合作。

宇宙的维度可以数到十？

川村 不过如果我们就是外星人，而地球也属于宇宙的一部分，那就是说，现在的这个空间里也有暗物质……

村山 是有暗物质存在，它们应该正在这一块儿飞来飞去。

川村 暗物质在宇宙当中占了多少比例？

村山 占 27%。除此之外，暗能量占了 68%，而由原子构成的物质不过只有 5%。

川村 那它们岂不是占了绝大多数！

村山 这意味着我们现在所了解的其实只有宇宙的 5%。不过反过来说，能了解这么多也很厉害了。毕竟大家之所以能自然地接受原子的存在，是因为我们现在可以用电子显微镜观察到它。可 19 世纪的化学家们虽然观察不到原子，却依然能用其写就化学式，解释身边的物质。现在回想起来，他们可真伟大。

川村 人的想象力可真是厉害。

村山 有的人甚至可以想象出四维空间。

川村 还有这样的人啊。二维空间是平面，三维空间是立体的，四维空间又是指什么？还是说要借助算式来想象吗？

村山 不，有点像是凭直觉而做的想象吧。这些人无数次地用算式对自己的思维进行训练，一直在思考这个事情。渐渐地，他们就可以利用直觉，在脑海中想象出一个四维空间了。

川村 在四维世界之后，是否真的存在多维宇宙？如果真的存在的话，我们文科生可都要举手投降了（苦笑）。

村山 超弦理论的研究者们认为，除了我们所生活的三维世界，再加上时间这个维度，剩下还有六个维度存在，总共是十个维度。

川村 十个维度！

村山 就拿马戏团的走钢丝表演来说，如果往旁边偏了就会掉下来，所以只能向前走或者向后走。这种情况下，从某种意义上来说"走钢丝"就存在于一个一维空间里。但是，假如有一只蚂蚁在绳索上，那么它就不仅可以前后移动，还能够绕着绳索的边缘爬来爬去。所以对蚂蚁来说，它所见到的就是二维空间。与之相同，虽然我们这些"大号"的人类看不见，但对基本元素来说，无论是空间里的哪个方向，都有一个小小的维度存在。"十维空间"就是这样一个理论。

川村 要怎么证明它呢？

村山 比如说在基本粒子的实验当中，我们会给小粒子加速，使之具备极大的能量，然后让其相互碰撞，以重现宇宙大爆炸时的景象。这么一来，在碰撞发生的瞬间，基本粒子或许就会呈现出与以往不同的状态，朝着其他维度的方向运动。虽然我们目前还没有真正地观察到这样的运动。

那些取得"世纪大发现"的，都是一些什么样的人？

川村 您在30岁的时候将发展的据点移到了美国，之后则一直在加州大学伯克利分校做教授，也一直和日本方面保持着频繁的往来。那么美国那边是不是真的更容易出现能取得世纪大发现的"明星"？

村山 不拘泥于数学、物理之类的学科，而是可以飞跃到另一个领域，在那里取得了不得的大发现，我认为外国人当中这类人似乎更多一些，而这也是我们 IPMU 的目标。

川村 有些环境或许更容易孕育出大发现吧。

村山 比如说，发现了 DNA 双螺旋结构的，就是一位突然对生物领域产生了兴趣的物理学者；而有位发现了新的基本粒子、获得了诺贝尔奖的人，则提出"是陨石的坠落导致了恐龙的灭亡"。

川村 IPMU 的主任研究员梶田隆章也于 2015 年的时候发现了中微子振荡现象，证明了中微子是有质量的，并因此获得了诺贝尔物理学奖。

村山 梶田真的是取得了一个重大发现。当时，几乎所有人都不相信这个现象，而他则勤勤恳恳，不断地采集数据、进行推导，最终做出了一个让全世界的人们都无法反驳的结果，然后将其公布了出来。

川村 在理科的世界里数据也不是唯一，能否做出推导，编织出一个"故事"也很重要吧。在电影世界当中，宫崎骏导演制作动画的方法也与其有类似之处。刚开始制作的时候，也不过只有几张概念图罢了，而一部极为优秀的原创电影就会由此间诞生。

村山 比起等待一位杰出的数学家证明出某个定理之后再推进工作，在我们的世界当中，也更倾向于先做出一个虽然不是很严密，却"怎么看都像是对的"的推论。在那之后，一个推论最长或需要数百年的时间才能得到证明。一个有名的例子是法国数学家亨利·庞加莱于 1904 年提出的拓扑学难题"庞加莱猜想"。这个猜想在一百多年之后，才终于被一位俄罗斯的数学家证明了出来。

宇宙在未来会变成什么样子？

川村 在您看来宇宙的未来会是什么样子，请您跟我们分享一下。

村山 刚刚我讲到"暗能量正在加速宇宙的膨胀"，而绝大部分人都认为这种加速会一直持续下去。宇宙越是变得广袤，其内部就越会变得分散。银河也会离我们越来越远，总有一天就再也看不到了，宇宙将变成一个寂寞的地方。

川村 这样的话，地球和太阳之间的距离又会如何？

村山 如果我们假设膨胀速度一直在加快，那么地球与太阳之间的距离也会越来越远，或许在某天，太阳自己也会被撕裂。

川村 这么说来，你们的研究其实也是为了搞清楚"暗能量会引领宇宙走向何方"是吗？

村山 或许是这样的。虽然总是不能顺利地找出答案，但我还是想清楚地了解宇宙的命运，想知道在暗能量的作用下，一万亿年之后的宇宙到底会是什么样子。为此，我参与到了许多的实验当中。比如，用重力透镜去观测暗物质；在地下一千米的位置放置观测机器，尝试着去检测出从宇宙之中飞来的暗物质；为了创造出新的暗物质，让加速后的、速度接近光速的质子相互碰撞，模拟出宇宙大爆炸的效果……

川村 对于 IPMU 的未来，您有着怎样的期待？

村山 从现实一点的方面来讲，虽然 IPMU 现在聚集了很多世界顶尖水平的物理学、天文学、数学研究者，可除了卡弗里先生的捐款，支撑着机构运营的主要力量就是文部科学省了。然而，文部科学省那边的资金也只能保证提供到 2022 年。

川村 现实有些严峻啊。

村山 所以我其实有些像一个中小型企业的社长。每年有大约十亿日元（约合六千万人民币）的预算，有一百个员工，存款为零……我几乎就是这样的情况。有人才愿意来我们这里我自然也很高兴，不过也会担心到底能不能好好地养活他们。

川村 可以想象得到，如果能保证说"五年之后，我们现在的这项研究可以转化为这样一种技术"，那么肯定会更容易获得资助吧。不过，一万亿年之后的宇宙虽然与我们并不存在什么直接的关联，这些研究也可能无法发挥什么实际用途，却绝对是非常有趣的。而且，我觉得那些"决定性突破"只会诞生于一个与"具体利益"所不同的维度。

村山 很高兴能听到您这么讲。我接下来要说的这话听起来或许有点奇怪，不过确实如此。如果宇宙肯善待我们的话，我们就有可能取得突破；若是不肯，突破则可能永远都无法实现。

川村 或许是因为我是娱乐界的人，我感觉当人们本以为"走到地球的边缘会跌进海里"，却发现"地球其实是个球形！"之时，应该也引起了很多议论，可最终大家还是会感叹"这是真的吗！"，感受到的还是兴奋。不过我觉得，人之所以活着，或许就是为了等待这样的大发现出现。所以我很期待您的团队能取得这样的大发现，让人们获得颠覆常识的体验。

村山 这正是我们的目标。我们会努力的。

（2015 年 11 月 于千叶·柏·IPMU）

村山齐

复习

"老师现在正在计算论文的数据，请您稍候。"

在到达位于柏地区的 IPMU 之后，我稍稍等待了一段时间。几分钟后，我被带到了村山齐先生的办公室。办公室里的黑板上，写着满满一面的算式，宛如宇宙一般。

"人类到底从哪里来，为何会身处此地，是由什么构成，又将去往何方？"要想对这些问题刨根问底，就需要弄清楚"宇宙从何而来，由何构成，如何运转，又将经历怎样的命运"。

他试图通过了解宇宙来了解人类。日本的理科之间多被割裂开来，而 IPMU 则在这样的环境中，将物理学、数学、天文学的英才们集结在一起，共同开展研究。作为 IPMU 的顶层人物，他奔跑在世界的最前列。

关于宇宙模样的最新画卷，逐渐在我们的面前铺展开来。它充满了故事性，甚至略胜于科幻小说。毕竟"我们现在所了解的，不过只有宇宙的 5%"。

"比起五年之后的未来，我更想了解一万亿年之后的宇宙。"

口出此言的村山齐先生，会否在某天取得震惊世界的大发现，成为百年之后的伽利略或爱因斯坦？面对着黑板上的"宇宙"，我的心跃动不已。

理科014　村山齐教会我们的事

要想解释清楚宇宙的秘密，物理学家、天文学家以及数学家们必须得联合起来才行。然而，在日本的普通大学里，学科之间被割裂了，甚至有些时候不同的学科都不在同一个校区，大家连见都见不到。而我们 Kavli IPMU 这个研究机构，就是让大家试着把以往分头在做的事情集中到同一个地方一起做。

物理学家们在尝试理解、说明某件事的时候，也会在某些瞬间不知该如何用词汇来表达。所以我们才要学习一门外语，那就是数学。数学家是创造"词汇"的专家，而我们这些物理学家则会利用从"作家"那里获取的"词汇"，编织一个假说"故事"。

告诉我们"世间万物皆是由原子构成"的教科书是一个大骗子，我们已经知道宇宙实际上是由暗物质和暗能量构成。"日心说"打破了"地心说"的时候，教会对拥护者们展开了审问，这次的反转可以与那次的事情相匹敌。

暗物质占到了宇宙全体的27%，暗能量则占了68%，而由原子构成的物质不过只有5%。也就是说，我们现在所了解的其实只有宇宙的5%。

宇宙正因暗能量而加速膨胀。如今，随着宇宙的扩张，其内部正变得越来越分散、越来越空洞。尽管如此，我还是想清楚地了解宇宙的命运：到底是膨胀的速度会在某天降下来，还是说宇宙会四分五裂，迎来终结。

理科 015

麻省理工学院媒体实验室负责人

伊 藤 穰 一

MIT 媒体研究所聚集了世界顶尖的天才们,
在这个"理科丛林"的正中央,
作为首任日本负责人,
他像一名 DJ 一样将理科与文科相融合,
追求科学与设计的统一。

麻省理工学院媒体实验室负责人
伊藤穰一
JOICHI ITO

1966年出生于日本京都府。在美国密歇根州度过童年时期，14岁时返回日本。曾任夜店DJ，也从事过电影相关的工作。后创立Digital Garage等数家IT公司，成为一名风险投资家，亦是在日本普及互联网的第一人。2011年以日本人的身份就任MIT媒体实验室第四任负责人，开创首例。现任纽约时报、索尼等多家企业董事。

©Kosuke Mae

MIT 媒体实验室负责人是一份什么样的工作？

川村　麻省理工学院（以下简称 MIT）是理科生们的最高学府，而 2011 年，年仅 46 岁的您就成为 MIT 媒体研究所的负责人。那么我想，您应该是从 20 多岁的时候就开始拼命工作、快速成长起来的吧。

伊藤　如果是在日本，这个年纪算是比较小的，可在美国，我周围根本没有比我还大的人了。现在，我们实验室最能干的教授只有 26 岁。他在 14 岁的时候就进了实验室，所以起步得比别人早。

川村　确实，我觉得 20 多岁的时候能走到什么位置，决定了一个人的未来。

伊藤　在日本，一个人如果不到 40 岁，旁人就不敢给予他权限，让他去承担风险。所以在 20 多岁的时候，大家总是慢悠悠的。可人们明明本应该在结婚成家之前学会承担风险。20 岁到 30 岁之间的这十年其实非常重要。

川村　确实是如此啊。那么首先我想请您介绍一下，MIT 媒体实验室到底是一个什么样的地方？

伊藤　MIT 这所学校，必须要在数学和科学考试中取得很高的成绩才能进得来，而且入学之后，特别是在大学时期，大家的中心任务也是学习，很难做上研究。而媒体实验室则与之不同。这里比起成绩更重视你以往的履历，所以不仅会接收本科生和研究生们,也会接收一些高中还没毕业的研究者。并且,我们的工作就是筹得资金并将它们全部用于研究,而不会授课。在这里,做研究就是学习。

川村 那这里应该会有很多褒义上的"奇怪的人"吧(笑)。

伊藤 所以这里是一个充满了欢乐的地方。我觉得我们这里一定是整个MIT当中最不正常的地方了。实验室里有歌剧、电子工学、教育等25个小组,而我要负责分配名额,确定每个小组每年可以招多少人。

川村 MIT里面也有人在进行歌剧创作啊,简直就像是艺术学校一样。

伊藤 学位的名字也正是叫作"Media Arts And Sciences",有一半是"艺术"。这个专业毕竟还是设在建筑学系之下的,所以当中既有设计师也有工程师。值得一提的是,一般的那些研究所里,大多都聚集着一些相近的人,大家的"伙伴意识"比较强,而我们实验室则常常能听到激烈的争吵,简直就是一个原始森林(笑)。

川村 聚集了很多的理科"动物"是吧。

伊藤 毕竟我们在招人的时候,就没想着要招一些"听命行事"的人。说起来,您的职业"电影制作人"也是如此吧,还有建筑家,这些工作都是在考验大家能不能把一些相互之间完全没有联系的、不好对付的人团结起来。

川村 在电影世界当中确实也是这样,越是有才华的导演和摄像,越不肯听别人的意见,性格也会有些难缠。

伊藤 若非如此,就无法做出有趣的电影了吧。

如何寻找赞助单位？

川村 MIT 媒体实验室里面共有多少人？

伊藤 研究生、本科生、教授，还有调查员、员工等，全算起来有 700 人左右。而我们现在有 86 家赞助单位，预算大概是 70 亿日元（约合 4 亿 2000 万人民币）左右。比较特别的是，我们的赞助单位当中既有东京大学的先端科学技术研究中心，也有普通的大学，他们会委托一些研究任务给我们，我们做出结果之后再共享给他们。

川村 赞助单位也是多种多样的啊。

伊藤 我们现在在做的项目有 400 个左右，虽然每个项目都是出于兴趣，但形成了这样一个规模之后，取得有趣发现的概率也会变得更高。向周围的人们进行说明时，我也会这样讲："我们的大部分项目，都不是在做大家希望我们做的研究，而是去寻找一些自己都想象不出的答案。"

川村 和日本的理科研究者们交流时，他们告诉我："如果是目的明确、有可能赚钱的项目，是能找到投资者的；但如果只是出于兴趣，想先做做试试看，那么则很难找到人投资。"

伊藤 可事实明明是"如果已经提前预想到了答案，就得不出什么新发现"。大多数成果，不都像是在旅途当中发现的一样吗？

DJ 式的工作方法是指？

川村 MIT 是出于什么样的决定性理由，选择了您做媒体实验室的负责人？

伊藤 像我们这样的研究所在选所长的时候，一般都是提拔学者来做。然而媒体实验室的情况又有所不同，这里涉及的领域实在太多，所以必须得选一位对所有研究都拥有同等兴趣的人。而从这个意义上来讲，学者们都有着自己的研究领域，因而容易偏心。我则既不会偏重哪个领域，也不打算自己搞研究，所以必然是中立的。还有就是，我懂得如何和企业交流，这或许也是一个重要的原因吧。我觉得无论是对媒体实验室还是对我个人来说，这都是一场幸运的相遇。

川村 这么讲或许有些冒犯了，但听了您的话，我感觉我的工作也与之存在相似之处。文学、音乐、时尚、艺术，它们都会出现在电影当中，而这些我都很喜欢。我正通过电影，来观察将它们组合在一起会产生什么样的效果。我偶尔也会择出其中之一，作为小说创作的素材。这样一来，在将别人的小说改编成电影时，二者的结构我似乎就都可以理解了。

伊藤 我偶尔也会和学生们一起做些转基因之类的实验，或是在学生们的聚会上做 DJ。毕竟任何事情都需要体验一下才能有所了解啊。

川村 听说您在年轻的时候，曾认真地做过 DJ。

伊藤 做 DJ 的经历增强了我的社交能力。我会边和酒保交谈，边引导人们跃动、挥汗、旋转、喝酒，并让那些醉了的人回家……这一切都只是靠着音乐的力量。

川村 确实，做 DJ 要根据情况做出判断、选择歌曲，好让客人们全情投入。

伊藤 重要的应该是要有计划性吧。要有 perception（理解）和 awareness（关怀）。

MIT 在理科与文科之间追求的是怎样一种融合？

川村 我之所以开始做这个对谈系列，就是因为在日本，理科与文科之间没有积极的交流，这让我感到奇怪。

伊藤 那是挺糟糕的。

川村 但是，见到许多理科人士之后，我意识到："理科与文科只是在沿着不同的道路攀登同一座山峰。"对人们来说"何为幸福""什么是美"，关于这些问题，理科通过科学和工学、文科通过故事和艺术来寻找答案。而您则在 MIT 里兼顾着两个方面，这让我很是叹服。

伊藤 我们实验室过去一直在做科学和工学方面的研究，而现在面对的问题是，要如何将设计与艺术融入其中。未来，如果不和科学结合起来，设计就无法进步。换言之，就是说我们不想生产出一些于世间无用的东西。以往大家在从事生产活动时，是为了赚钱在做设计，而今后要设计的则是"体系"。我们需要思考"设计会给环境、教育、社会带来怎样的影响"。说到底，要思考清楚我们究竟想要一个什么样的社会，还是要靠那些懂科学的设计师。

川村　这可真是理科与文科最为理想的融合结果了。

伊藤　那种充满艺术感的、好看的设计作品自然也是设计的一种，可我们研究所总觉得，要对未来承担起某种责任，创造出新的科技。若是一个设计当中没有体现出这种美学，那么它就是失败的。我们总是在思考，到底什么样的设计，才能在不杀死自然的同时，也不让人失去生命力。

川村　逐渐就谈到人存在的意义了啊。

伊藤　人必须要融到自然当中。而融入自然之后，为了不破坏自然或是被自然所伤害，我们则要思考如何让自己也变成自然的一部分。比如说，日本不是有《新世纪福音战士》之类的动漫吗？里面出现的那种"生化电子人"（Cybrog）就很好，很接近生命及这个世界未来的样子。

川村　那些角色虽然是机器人，可原本也是人类，您想说的是这个意思吧。

理科与文科要通过怎样的方式才能融合在一起?

伊藤　当下流行的人工智能,也会在不久的将来逐渐发展成生化电子人。我们研究所的学生们,也把这些都归到了"生物工程"的范畴里。现在大家也做出了一些成果,比如说给大脑接上电路,或是将神经连接到电脑上。以后只需要造出遗传基因,再做些改动,生化电子人就可以诞生了。

川村　就是说把自己的身体逐渐改造成生化电子人是吧。

伊藤　只不过,自然的力量要强大得多,所以即便做出了什么不符合自然规律的成果,他们也会很快就迎来死亡。其实就像人活得长了就会患上癌症,癌症治好了之后又会患上阿尔茨海默病一样。自然维持着很好的平衡,如果你想要改变些什么,就会失去一些东西。而我们要做的就是这样的改变,所以事实上,我们不一定能让这个世界朝着更好的方向发展。这正是最让人为难之处。

川村　人果然还是敌不过自然吧。

伊藤　迄今为止,一直都是自然的力量比较强大,而人们则是从自然当中获取能量,经济因此得到发展,个人也因此变得富有。可如果如今还是用这样的方式来研究科学技术,这个世界面对的将是消亡。因此,我们需要好的品位和美的艺术。如果人们不再觉得"不自然的东西会让自己感觉不舒服",那么一下子就完蛋了。

川村 不过我觉得人的感觉还是比较完善的，面对一些不协调、不自然的东西时，大家一般都比较敏感。

伊藤 对有品位的人来说确实是这样。而迄今为止，从事科技方面工作的，大都是一些感觉迟钝的人。理科与文科被分隔了开来，而从事理科的人们当中，很多都只是坐在一个昏暗的房间里盯着数字看，忘记了自己身处自然之时是一个怎样的状态。

川村 我想起养老孟司先生曾经说过的一句话："如果长期不使用自己的生物本能，人是会变成废物的。"另一方面，我也觉得文科在过去也过于忽视科技和科学了。

伊藤 确实有很多人是因为讨厌数字才去做了新闻工作者。

川村 不过，您刚刚所讲的话却很有新闻工作者的感觉。"改变一些东西，就会使某些部分变得奇怪，所以我们应该把握全局"，这也是文学和哲学一直在研究的课题。理科与文科到了必须得进行交流的时候了啊。

伊藤 确实不应该将二者分得太开。其实数学与文学都是一种语言，只不过这两种语言所能表达的内容，以及它们所思索的内容不同罢了。并不是只有艺术家才是"艺术家"，物理学家其实也是。

能让人成长的、最好的学习方法是什么？

川村　您现在的想法是怎样逐渐形成的？工作上又是如何走到这一步的？回顾您过去的经历，我发现您在成为媒体实验室的负责人之前做过DJ，年轻的时候还制作过电影。在互联网方面，您也是从行业的起步期就开始从事相关工作了。

伊藤　说到底，我比较喜欢拼命地去做自己感兴趣的事，而如果有人要求我为了学校的成绩去学些什么，我根本懒得动弹。与之相对，如果我对电影产生了兴趣，决定要制作一部，那么即使彻夜不眠，我也要把必要的知识学会。也就是说，对我来说最好的学习方法就是从事新的工作。不过当某些方面的工作做得多了之后，我有时也会觉得"不用再继续做下去了"。

川村　确实，当我们把握了其中结构之后，有时会突然觉得一项工作变得无聊了起来。

伊藤　如果愿意的话，当然也可以继续做下去。可就拿我做电影的时候来说，九成的精力都花在了和好莱坞小镇居民们的人际交往上，而如果不这么做，自己的电影就走不到顶层。当我意识到这一点之后，就觉得是时候折返了。

川村　那其实是一个很狭小的世界吧。

伊藤　至于互联网，它虽然是在我上高中的时候问世的，可那时还几乎没有什么人在用。因此，只要我以"一位住在日本的高中生"这个名义给国外的大学发邮件，基本上无论哪所学校的教授都会认真对待。MIT物理学院的院长还给我打过电话，我甚至不用去大学里面找他就可以跟他交流。逐渐地，我开始注意到"获得大人们的指点"是我的主要技能，这也导致我大学期间退学了三次（笑）。

川村 会起用您，也鲜明地体现出了MIT媒体实验室"不止看学历"的态度啊（笑）。

伊藤 小时候我很讨厌幼儿园，几乎每天都会偷跑出去，于是园方有天告诉我："你可以不用再来了。"而等我成了大人之后，我则想要发掘出一些有趣的人，给他们一些建议或指导。我的风格是在对话和交流当中进行学习。

川村 其实我既没上过幼儿园也没上过托儿所。我父母的教育方针比较奇特，我在六岁以前一直处于放养状态，总是自己一个人在玩。我学到的所有东西都只来源于自己的体验。做着做着电影，之所以一"想要试试写小说"就开始动笔，也是因为我觉得如果不亲自做做看，就没法学到东西。一边体验一边抓住当中的要领，我感觉我的这种能力是在孩童时代培养出来的。

伊藤 兴趣广泛的人确实是会这样。

川村 做事只有三分钟热度是我的一个弱点。特别是一些爱好，当我发现其中的要领、了解大致的结构之后，有时就会瞬间失去兴趣。

伊藤 不过，有些把赚钱、自己的账户余额看作是成绩的人，他们则会在这之后发奋努力。掌握要领之后，才到了能赚大钱的时候不是吗？所以说，三分钟热度的人绝不是懒惰，事实上这些人的日子更辛苦一些。

学习需要压力？

川村　我现在仍会当背包客，不过已经去过的地方就不会再去。我一定要去未曾到访过的地方，在巨大的压力下，去抓住那个地方的特点。我很喜欢这样的过程。

伊藤　如果不走出舒适区，学习就会止步。我的话是这样，因为我一直在日本与美国之间往返，所以渐渐地两边都不能再带给我压力了。于是我试着把据点放到了中近东地区，结果我对那里的一切都一无所知，压力大得不行（苦笑）。去了中近东地区，感觉自己整个人都被重置了。

川村　一个能重新建立自己价值观的环境还是很重要的吧。

伊藤　周围的人对我说过这样的话："虽然你是一个只了解日本和美国的奇怪的人，可既然你愿意学，我们就教给你。"我见到的人里，一半以上年龄都在 25 岁以下，大家都很年轻，我完全被当成一个老头子（苦笑）。

川村　到了您这个年龄还一直在继续学习，这想必需要很大的活力吧。

伊藤　随着年岁渐长，我们会在自己的头脑当中给这个世界建立起一个模型不是吗？不过，如果这之后再学些新知识，我们则能做到融会贯通。毕竟，与以前相比，我们对这个世界的背景和模式都有了更深刻的认识，也遇到了很多不同的人，所以我们更容易发现自己所学内容的社会价值，比如说意识到"这个"知识可以在"那个"地方起作用。

川村 无论到了多少岁，"坚持给自己创造一个能够学习的环境"都非常重要啊。

伊藤 多亏现在身处媒体实验室，我必须要学习很多东西。当我想学习人工智能的时候，就可以在周末把学生叫到家里来。今天我还试着写了下比特币的软件。中途碰到了问题，于是我就跟他们讲："我的程序出现了错误，谁懂的话来教我一下。"立刻就有两个人举了手，教给了我解决方法。

川村 这简直就是黄金时期的好莱坞影棚。当年轻的技术人员询问一些摄影或照明方面的问题时，老手们就会立刻出现。

伊藤 除此之外，我现在还在很多家公司做董事，这也是一种学习。就像是一边收着商学院的钱一边在上学一样。

川村 这可真是个奢侈的学习场所啊。此外，"体验是最快的学习方法"，您的这种观念还真是一以贯之。

伊藤 有的人靠体验来学习，有的人则靠道理，这是两类完全不同的人。您应该和我一样，都属于前者，不过也有像哲学家一样的人，在道理的世界里生活得很开心。

日本需要什么才能存活下去？

川村 您生在日本，工作在美国，还去过中近东地区……我觉得很少有日本人能像您一样，对这个世界有如此立体的了解。所以我想请问您，您对日本的未来有着怎样的预期？

伊藤 东京是米其林评星最多的城市不是吗？日本的漫画也非常有趣，我感觉在这些方面，日本最有自己的特色。虽然不是特别多，但也有一些非常有意思的、奇奇怪怪的人，是有些与众不同的。

川村 饮食与文化方面是吗？

伊藤 不过，在经济和创新等方面，以及大学研究基金的使用途径和教育体系上，日本在经济高速成长的时代形成了许多以效率和金钱为中心的系统。进入安定期以后，这些方向也没有得到修正，就这么持续到了今天。目前经济基础已经定型，再加上日本正面临老龄化的问题，经济负担又稍微加重了一些，而政治方面也存在固化的问题。除此之外，还拒绝接受移民。这么一来，国家只会逐渐衰落。

川村 这真的有些让人难过啊。

伊藤 我总觉得，日本可以把文化和宜居性当作卖点，在旅馆和饭店上下些功夫，成为巴黎一样的存在。这样一来，日本或许可以存活下来。不过，巴黎也是接受移民的，如果在这一点上不做出改变，日本的前景或许会有些艰难。

川村 在商业方面，也感觉日本正逐渐在全球败下阵来。

伊藤 过于遵守传统，导致日本只有极少一部分商业可以得到全世界的认同。像是汽车和家电，因为是一路竞争过来的，所以局势还算好，可等到将来，如果连这些企业都无法在全球市场形成有力竞争的话，日本就真的危险了。因此，日本必须要开放，必须要推崇多样性才可以。

理科式的"金钱观"是什么样子？

川村 您应该是从逃离幼儿园的那个时期开始，就养成了"怀疑体系"的性格了，可我觉得，绝大多数人在上幼儿园时应该还是挺认真的。

伊藤 美国心理学家蒂莫西·利瑞（Timothy Leary）曾说过："质疑权威，自己去思考吧！"而日本的聪明人们却不会质疑权威，因此大家的创造力才得不到发挥。在日本生活的时候，这一点让我觉得挺辛苦的。

川村 这确实会让人觉得很累。

伊藤 而且在美国，老师与学生、上司和下属之间，也常常会出现下级逐渐超过上级的情况。面对成长起来了的下级，上级也会好好放手，而在日本则要么是继续将下级保护起来，要么实施打压。就是因为这样，日本才无法实现国际化的吧。

川村 我非常赞同您刚刚所讲的，不过在这个世界上，绝大多数的人还是最在乎自己。所以除非大家都变得和您一样宽容，我总感觉这样一个游戏无法成立……

伊藤 我刚到媒体实验室的时候，教授们也都在做不同的游戏，遵循着不同的规则。当然，有时我也必须配合他们的规则，不过其实有一个调节旋钮存在。我可以改变他们的办公位置，或是增减学生的数量，我在观察这些尝试会带来怎样的影响。

川村 我去旧金山的皮克斯动画参观时，曾看到一些创作者们在随心所欲地装饰一间名为"CUBE"的房间，他们真的是在自由地工作。不过，一旦到了制作作品的时候，他们又可以立刻收敛起缤纷的个性。我认为这正是美国的强大之处。

伊藤 没错，明明除了那些关键时候，大家都是乱糟糟的。

川村 日本人原本应该也有这种特质吧。

伊藤 我觉得日本之所以会变成现在这样，大概是因为在战后的经济高速成长期里，大家都在以金钱来衡量贸易与成功。我认为如果日本的"生活美学"能发生巨大转变就好了，比如说去追求文化上的乐趣，或是认识到"其实不用那么有钱也没什么不好"。

川村 我感觉人们逐渐开始拥有这样的价值观了。

伊藤 我也感受到了，以往社会在乎的都是金钱价值，可这种观念正在一点点地改变。这是因为整体的生活成本下降了，即使没有钱也什么都能做到。

川村 也就是说，不用有太多的钱也可以了。

伊藤 不久之后，无论是搞恐怖袭击还是制造能让人类灭绝的病毒，或许也都不用花钱了。为了到时候不让坏人得逞，比起花重金组织军队，我倒是觉得我们更应该让自己活成不被他人讨厌的样子。

川村 我也觉得不追求"和谐"的人无法存活下去。不过，日本现在是因为太过成熟、高效的体系而导致了一些弊端。比如说观光游的时候，我感觉大家也是"看完这个景点和那个景点就结束了"，而忘记了在旁边的小路上会有不一样的发现。而在最为领先的 MIT 里，大家则被允许去走小路，在那里取得发现，因而在这里能感受到完全不同的东西。

伊藤 不过，学生们之所以做些奇怪的研究也能被谅解，也是因为有 MIT 这块招牌做庇护。还有就是，如果我们只有两三家赞助单位，那他们应该也会指手画脚，可现在有了 86 家，所以他们反而很少说什么了。这也是一个很重要的原因。

打造一支像 MIT 一样强大的队伍时有什么秘诀吗？

伊藤 说起来有一件有趣的事情，我们媒体实验室的根其实在日本。

川村 这是怎么一回事？

伊藤 媒体实验室是在 1985 年，由 MIT 的时任校长杰罗姆·魏斯纳（Jerome Wiesner）和尼古拉斯·尼葛洛庞帝（Nicholas Negroponte）教授共同创立。杰罗姆这个人曾在肯尼迪总统执政期间担任科技顾问，战后依照肯尼迪总统的指示来到了日本，给大家传授科学技术。

川村 原来如此！

伊藤 因此，当20世纪80年代，他为了建立媒体实验室而来到日本的时候，他曾经的学生们都已经成了大型制造公司的会长或社长。他们表示："您是我们的恩人，只要是您的要求我们在所不辞。"于是一下子就筹到了很多钱。

川村 那时正值日本的泡沫经济时期吧。

伊藤 是的。以泡沫经济时的那些钱为基础，再加上一些美国公司的力量，媒体实验室建起来了。而且，媒体实验室从设立当初就确定下了不可动摇的基因，30年的时间里，一直都没有变过。

川村 这可真是强大的基因啊。

伊藤 追求与自己不同的东西，不制定规则，具备反体制的特点，教授们也必须有两个没有关联的研究领域才行，强调"不接收在其他大学或研究所工作的人，而只接收那些他们不要的人"。也就是说，所有人都理解这一点：一个群体要想存活下去，这些是不可或缺的。自然，媒体实验室在应对变化时也就会比较强大。

川村 自己无法理解的人会给我们造成压力，所以人们会自然地想要排除异己，不过我觉得也只有在加入了不同的要素之时，才会产生真正有趣的效果。

伊藤 日本似乎找不到这种文化，可以说是有种洁癖吧。

川村 无论如何,我都一定要去一趟媒体实验室,探访一下这个终极的理科丛林才行了。

伊藤 欢迎您来,也可以感受一下我们的 DJ Party(笑)。

(2015 年 12 月 于东京・虎之门・Andaz 东京)

复习

在世界顶尖的理科学府 MIT，一位日本人担任了媒体实验室的负责人。

"不应该将理科和文科分得太开。其实数学与文学都是一种语言，只不过这两种语言所能表达的内容不同罢了。并不是只有艺术家才是'艺术家'，物理学家其实也是。"

在这个聚集着科学天才与工学天才的"理科丛林"里，伊藤穰一先生担当起 DJ 的角色，将艺术与故事融入其中。

他将理科与文科融合在一起，试图掀起革新的浪潮。

"以往大家在从事生产活动时，是为了赚钱在做设计，而今后要设计的则是'体系'。要想思考清楚我们究竟想要一个什么样的社会，还是要靠那些懂科学的设计师。"

这两年，在与理科中的先驱者们展开对话的过程中，我清晰地注意到了一件事。从事理科和从事文科的人们绝非抱着"不同的目的"在生活。我们不过是在"沿着不同的道路，攀登同一座山峰"。人类以何为美？如何才能变得幸福？答案就在那山巅之上。我期望终有一天，自己可以站在那里，和沿着不同道路攀爬上来的"理科朋友"交换答案。

"随着年岁渐长，我们会在自己的头脑当中给这个世界建立起一个模型。不过，如果这之后再学些新知识，我们则能做到融会贯通。"

看着站在理科世界的顶峰开始"交换答案"的伊藤穰一先生，我下定了决心。今后我也要继续"学习理科"。

理科 015 伊藤穰一教会我们的事

未来，如果不和科学结合起来，设计就无法进步。那种充满艺术感的、好看的设计作品自然也是设计的一种，可我们研究所总觉得，要对未来承担起某种责任，创造出新的科技。若是一个设计当中没有体现出这种美学，那么它就是失败的。

当下流行的人工智能，也会在不久的将来逐渐发展成生化电子人。只不过，自然的力量要强大得多，并维持着一种平衡，所以即便做出了什么不符合自然规律的成果，他们也会很快就迎来死亡，若是想要改变些什么，则就会失去一些东西。

不应该将理科与文科分得太开。并不是只有艺术家才是"艺术家"，物理学家其实也是。

日本可以把文化和宜居性当作卖点，在旅馆和饭店上下些功夫，成为巴黎一样的存在。这样一来，日本或许可以存活下来。不过，巴黎也是接受移民的，如果在这一点上不做出改变，日本的前景或许会有些艰难。

如果不走出舒适区，学习就会止步。

对我来说最好的学习方法就是从事新的工作。

图书在版编目（CIP）数据

学理 /（日）川村元气著；杜欣雨译
. — 南京：江苏凤凰文艺出版社，2020.6
ISBN 978-7-5594-4525-4

Ⅰ.①学… Ⅱ.①川… ②杜… Ⅲ.①人物-访问记-日本-现代
Ⅳ.① K833.13

中国版本图书馆 CIP 数据核字 (2020) 第 011434 号

REIKI NI MANABU by Genki Kawamura
Copyright © Genki Kawamura inc. 2016
All rights reserved.
Original Japanese edition by Diamond Inc., Tokyo.
This Simplied Chinese edition published by arrangement with Genki Kawamura Inc. c/o Tuttle-Mori Agency, Inc., Tokyo

简体中文版权归属于银杏树下（北京）图书有限责任公司
版权登记号：图字 10-2020-38

学　理

[日]川村元气 著；杜欣雨 译

出 版 人	张在健
责任编辑	王　青
特约编辑	王　頔
筹划出版	银杏树下
出版统筹	吴兴元
营销推广	ONEBOOK
封面设计	张静涵
出版发行	江苏凤凰文艺出版社
	南京市中央路165号，邮编：210009
网　　址	http://www.jswenyi.com
印　　刷	北京天宇万达印刷有限公司
开　　本	889毫米×1194毫米　1/32
印　　张	9.75
字　　数	200千字
版　　次	2020年6月第1版　2020年6月第1次印刷
书　　号	ISBN 978-7-5594-4525-4
定　　价	48.00元

后浪出版咨询（北京）有限责任公司常年法律顾问：北京大成律师事务所
周天晖 copyright@hinabook.com

未经许可，不得以任何方式复制或抄袭本书部分或全部内容
版权所有，侵权必究

本书印刷、装订错误可随时向印厂调换。联系电话：010-64010019